u »Die Krähe am unheimlichen See« im Unterricht

INHALTSANGABE

u.1

Hendrik wohnt mit seinen Eltern und seinem jüngeren Bruder Eddi in Chemnitz. Dank Eddis außergewöhnlicher Gabe, manchmal mit Tieren zu kommunizieren, konnten er und seine Familie im Vorgänger-Roman ein anderes Geheimnis lüften, und ein Haus in einem Dorf im Allgäu fiel ihnen zu. Doch seither ist das Verhältnis der Dörfler_innen zu Hendriks Familie eher belastet als entspannt, und Hendriks Vater will das Haus verkaufen.

Das Verhältnis zu den Dörfler_innen wird nicht besser, nachdem im Dachboden der Familie eine Krähe auftaucht, mit der ein erneutes Unheil seinen Lauf nimmt. Die Krähe wird von den abergläubischen Dörfler_innen verantwortlich gemacht für allerhand Unheil, sodass der Chemnitzer Familie nichts anderes übrig bleibt, als selbst ins Allgäu zu fahren und nach dem Rechten zu schauen. Dort gehen die Kinder verstärkt dem Rätsel der Krähe nach, die immer wieder auftaucht, die auch immer wieder Eddi attackiert und der von den Dörfler_innen die Funktion einer Art Botschafterin zugeschrieben wird. Ihr Erscheinen und ihre Laute werden ständig interpretiert, und diffuse mystische Inhalte werden ihr zugeschrieben.

Eine wichtige Rolle spielt der in der Nähe befindliche Stausee, der zur Zeit seiner Aufstauung drei kleine Dörfer überflutet hat, sowie eine historische keltische Kultstätte. Dieser Eingriff in das Flusstal (und in die Zivilisation) wird von einigen Dörflerinnen und Dörflern als falsch betrachtet. Sie hängen dem Aberglauben nach, dass ein Gott (Zius) auf dem Berg am Rande des Stausees diesen Eingriff der Menschen in die Natur nicht akzeptieren will und eine Art Rache bzw. Wiedergutmachung plant. Am See machen die Kinder allerhand Entdeckungen, z.B. eine Inschrift auf einem versunkenen Stein, ein Grafitto auf der Staumauer oder ein Schriftzug an einem Bilderrahmen.

Die skeptischen Dörfler_innen selbst tragen nur wenig oder nur schleppend zur Aufklärung des Rätsels um die unheimliche Krähe bei. So kommen die Kinder den Lebensumständen von Idas misstrauischer Oma fast nur durch eigene Recherchen auf die Spur. Auch die Figur der Hebamme und ihre Rolle in der Vergangenheit bleiben für die Kinder lange Zeit rätsel- und schemenhaft.

Doch mit der Zeit kommen die Kinder dem Geheimnis der Krähe immer mehr auf die Spur. Am Ende des Buchs belauschen die Kinder ein Gespräch zwischen der Hebamme und Idas Oma. So erfahren sie von dem geheimen Pakt, den die Hebamme seinerzeit mit den Krähen eingegangen ist, um die Gottheit Zius zu beruhigen und auf diese Art so wenig Menschen wie möglich zu gefährden. Dieser Pakt kommt nun ans Licht und fordert ein letztes Todesopfer: Frau Fischer, die Hebamme. Es entsteht sogar der Eindruck, die Dorfgemeinschaft habe den Tod Frau Fischers bewusst in Kauf genommen, um dem Spuk des ominösen Pakts ein Ende zu bereiten.

Schlussendlich lassen sich viele Phänomene und Ereignisse, die anfangs zweifellos in einem sehr mystischen Licht erscheinen, rational erklären. So z.B. Bodo mit seinem seltsamen, an einen Hexer erinnerndes Verhalten, der sich schließlich als ein ganz freundlicher Zeitgenosse herausstellt. Allerdings lassen sich nicht alle Phänomene restlos rational erklären. Für einige Begebenheiten, wie z.B. die wiederholten Attacken der Krähen auf Eddi oder dessen Fähigkeit, mit manchen Tieren zu kommunizieren, finden die Kinder keine vernunftgeleitete Erklärung.

In einem weiteren Handlungsstrang steht die Beziehung zwischen Hendrik und Ida im Mittelpunkt. Auch bei dem Protagonisten Hendrik ist diese Zeit gekennzeichnet von Phasen der Unsicherheit und der Selbstzweifel. Hendriks Gefühle Ida gegenüber schwanken auch von zärtlicher Zuneigung bis hin zu offensichtlicher Ablehnung bzw. Enttäuschung über Idas äußerliche Veränderung. Die tatsächlichen und ausbleibenden Reaktionen des Mädchens werden häufig überinterpretiert. Es kommen aber auch Momente der Zuversicht und der vorsichtigen Annäherung zwischen dem Mädchen und dem Jungen vor – alles aus der Perspektive des Jungen beschrieben.

Im Gegensatz zu dem Schwanken Hendriks steht Eddis (naive, aber felsenfeste) Zuneigung zu Monique. Beide Kinder betonen bei jeder sich bietenden Gelegenheit gerne, dass sie sich lieben und später heiraten wollen. Diese unumstößliche Zuversicht wird immer wieder von Hendrik verwundert und mit einem gerüttelt Maß an Neid zur Kenntnis genommen – sie verstärkt aber eher sein Schwanken und Zaudern, was seine eigenen Annäherungsversuche Ida gegenüber angeht.

Fachlich gesehen reißt der Roman neben den biologischen Merkmalen der Krähe einige gesellschaftspolitische Themen an, u. a. »die Klimaerwärmung«, »das Volk der Kelten«, »Jenseitsvorstellungen der Kulturen«, »den Braunkohleabbau«, »brennende Flüchtlingswohnheime« und »Skepsis gegenüber einer Internet-Recherche«. Das Buch schließt mit einem kurzen Allgäuer Wörterbuch.

U.2 DIDAKTISCHES PROFIL DES ROMANS

Didaktisches Potenzial liegt in der Verknüpfung von vertrauten, assimilativen und eher neuen, akkomodativen Aspekten. Bei »Die Krähe am unheimlichen See« sorgen vertraute Charakteristika des Romans dafür, dass die Schülerinnen und Schüler von sich aus einen Zugang zum Buch finden können und dass Anknüpfungsmöglichkeiten für eine eigene Deutung vorhanden sind (Assimilation). Dieser Aspekt betrifft das lesefördernde Potenzial. Neue, zusätzliche Anforderungen, die das Buch an ein Verstehen der Schülerinnen und Schüler stellt, betreffen eher den Bereich des literarischen Lernens. Im Überblick lässt sich das didaktische Profil folgendermaßen skizzieren:

Dimension des Textes	**Das Vertraute: Möglichkeit zur Assimilation (Leseförderung)**	**Das Neue: Notwendigkeit zur Akkomodation (literarisches Lernen)**
Wirklichkeitsbezug	▶ Natur beobachten ▶ Urlaub in den Bergen ▶ Passendes Geschenk finden ▶ Unsicherheiten bei der ersten Liebe ▶ Über Naturphänomene staunen ▶ Recherche im Internet	▶ Auseinandersetzung mit Eigenarten verschiedener Charaktere (Oma Hafner, Frau Hafner, Marleen, ...) ▶ Fehlverhalten eingestehen (David) ▶ Einschätzen von Recherche-Ergebnissen im Internet ▶ Begegnungen mit unheimlichen Sachverhalten ▶ Das Handeln (zunächst) unheimlicher Figuren einschätzen lernen (Bodo)
Thematik	▶ Erstes Verliebtsein und beginnende Pubertät ▶ Familie ▶ Mystik ▶ Raubbau an der Natur und Umweltschutz ▶ Identitätsfindung und Selbstzweifel ▶ Götter und Religionen ▶ Leben anderer Völker (Kelten) ▶ Begegnung mit Fremden ▶ Internet und Smartphone	▶ Auseinandersetzung mit unheimlichen Phänomenen ▶ Einschätzung: Was kann/soll man glauben? ▶ Eddis besondere Gabe ▶ Umgang mit Klischees und Vorurteilen (Sachsen) ▶ Andere Kulte kennenlernen ▶ Mystik vs. Zufall? ▶ Einem Rätsel detektivisch auf den Grund gehen

Dimension des Textes	Das Vertraute: Möglichkeit zur Assimilation (Leseförderung)	Das Neue: Notwendigkeit zur Akkomodation (literarisches Lernen)
Figuren	▶ Identifikation mit Ich-Erzähler Hendrik ▶ Identifikation mit dem jüngeren Bruder Eddi ▶ Identifikation mit Freundin Ida	▶ Auseinandersetzung mit der Figur Monique ▶ Auseinandersetzung mit der Rolle der Eltern ▶ Auseinandersetzung mit schrulligen Dörfler_innen
Sprache/Stil	▶ Narrative Erzählweise ▶ Erzählperspektive (Ich) ▶ Erzählzeit Präteritum	▶ Darstellung im Konjunktiv ▶ Allgäuer Dialekt
Literarische Formelemente/ Erzählkonzept	▶ Rätsel wird gelöst ▶ Gutes Ende ▶ Handlungsbogen geschlossen	▶ Rückblenden einordnen ▶ Auseinandersetzung mit zwei möglichen Sichtweisen (mystische Bestimmung oder naturwissenschaftliche Erklärungsversuche) ▶ Über ein Rätsel Schritt für Schritt Erkenntnisse gewinnen, Umgang mit Ungereimtheiten, Zweifel ▶ Durchdringen familiärer Konstellationen/ Verwandtschaftsgrade

Thematischer Mittelpunkt des Jugendromans ist sicherlich die Auseinandersetzung mit mystischen Phänomenen und deren möglichen (naturwissenschaftlichen) Erklärungsversuchen, die den Hauptfiguren im Laufe des Klärungsprozesses begegnen. Im Zuge dessen können der Umgang mit Religionen und die damit verbundene Frage thematisiert werden, was man glauben kann/soll. Ein weiterer Handlungsstrang kann die vorsichtige Annäherung zwischen Hendrik und Ida sein. Auch die Natur, der Umweltschutz und die Folgen der globalen Klimaveränderung spielen eine Rolle und können diskutiert werden.

LITERARISCHES PROFIL DES ROMANS (u.3)

Themen und Motive

In dem Jugendroman »Die Krähe am unheimlichen See« der preisgekrönten Autorin Martina Wildner geht eine Gruppe von Kindern geheimnisvollen Naturphänomenen im wahrsten Sinn des Wortes auf den Grund (des Stausees) und löst dabei am Ende ein altes Familienrätsel.

Bei der Schilderung der Geschichte werden – fast schon nebenbei – verschiedenste gesellschaftspolitische Themen angesprochen und viele Fragen aufgeworfen. Mit einigen dieser Fragen sehen sich wahrscheinlich viele junge Heranwachsende auch konfrontiert, von daher lohnen sich die Beschäftigung und die Suche nach möglichen Antworten.

Das Buch spielt immer wieder mit *Aberglauben und Magie* und stellt diese Faktoren aber auch wieder infrage, indem es auch rationale Erklärungsmuster für viele Phänomene anbietet. Wie es sich schlussendlich wirklich verhält, bleibt offen – für viele Erlebnisse gibt es rationale Erklärungen (Das Erdbeben in dieser Region ist unwahrscheinlich, aber doch möglich), aber für einige andere Geschehnisse werden keine rationalen Muster angeboten (Warum wird immer wieder Eddi von Krähen attackiert?). Und manche Figuren werden doppeldeutig gezeichnet und bleiben es auch, z. B. Bodo: Als Anhänger der Keltenkultur und der damit verbundenen Anderswelt wird er von den Kindern in manchen Szenen regelrecht als Hexer wahrgenommen. Andererseits tritt er auch sehr freundlich und hilfsbereit auf, trägt immer wieder zur Rettung der Kinder bei (Eddi im Lehm, Krähenschwarm am See vertreiben) und heiratet schließlich sogar Moniques Mutter Marleen.

Ein weiterer zentraler Punkt ist Hendriks Hadern, wie er mit Ida umgehen soll, seine Zweifel an ihr und ihre Anziehungskraft auf ihn. Seine *Unsicherheit* und seine *Selbstzweifel*, wie er sich in manchen Situationen verhalten soll, sind typisch für Jugendliche in der beginnenden Pubertät, und sie werden den meisten Leserinnen und Lesern bekannt vorkommen. Damit einher gehen Phasen der Selbstfindung, bei denen Glücklichsein und Unglücklichsein nah beieinanderliegen.

Neben den unheimlichen Naturphänomenen (Krähen, Erdbeben) wird auch der *Raubbau an der Natur* (Tal fluten für einen Stausee, Tagebau zur Braunkohlegewinnung) angeführt. In diesem Zusammenhang wird immer wieder von den Figuren die Frage diskutiert (auch weil Bodo das behauptet), ob sich die Natur für ihre profitorientierte Ausnutzung rächt bzw. ob sie das generell überhaupt kann.

Die Autorin setzt sich bei ihrer Schilderung des Geschehens auch mit anderen Religionen bzw. religiösen Kulten und Gottheiten früherer Kulturen auseinander, z. B. mit der Anderswelt der Kelten.

Die *Krähe*, die als Vogel häufig in einem unheimlichen bzw. geheimnisvollen Zusammenhang auftaucht, wird auch biologisch betrachtet und man erfährt einige nüchterne Fakten über die Lebenweise dieser – häufig mythologisierten – Tiere.

Wenn gebürtige Sachsen alteingesessenen Bewohnern eines Bergdorfs im Allgäu begegnen, tun sie das in diesem Fall mit einigen *Vorurteilen* und mit einem gerüttelten Maß an *Misstrauen*. Einige Verhaltensweisen beider Seiten sind begründet, andere eher nicht, wie sich im Laufe des Romans herausstellt. Auf jeden Fall werden bei der Begegnung mit den zunächst Fremden und dem damit verbundenen Kennenlernen von möglichen Eigenarten einige interessante Aspekte dargestellt.

Auch das *Internet als nützliche Informationsquelle* kommt in den Schilderungen immer wieder vor, allerdings scheint Hendrik bereits zu wissen, wie er die vielfältigen Informationen, die das Internet bei Suchen anbietet, einordnen muss. Das Internet wird jedoch stellenweise auch kritisch gesehen, so in den Ausführungen der Mutter, die meint, man bräuchte dann keine Fantasie mehr und keine Vokabeln mehr lernen.

Das *Smartphone als Mittel der Kommunikation* (SMS) ist selbstverständlich in den Ausführungen, wenn auch die abgekürzten Wörter eher als kryptische Formulierungen thematisiert werden. Das Smartphone dient ebenfalls als Fotoapparat. Aber auch traditionelle literale Formen der Mitteilung kommen vor, z. B. ein handschriftlicher Brief von Ida oder eine handschriftlich verfasste Botschaft (Frau Fischer).

Erzähltechnik

Das Buch umfasst 218 Seiten, die in 24 Kapitel gegliedert sind. Die meisten Kapitel sind recht kurz gehalten, einige wenige sind etwas umfangreicher. Dadurch wirkt das Buch nicht »erschlagend« und kann durchaus auch ungeübteren Schülerinnen und Schülern sozusagen »häppchenweise« zugemutet werden.

Im Wesentlichen gibt es drei große Schauplätze, an denen die Handlung zum Großteil geschildert wird: 1. Die elterliche Wohnung in »C.« (Chemnitz), die immer wieder Ausgangspunkt zu (Urlaubs-)Aufenthalten im Allgäu wird. 2. Das (namenlose) Dorf im Allgäu mit dem Haus (mit der Krähe), das Eddi geerbt hat. Und 3. den Stausee am Fuße des Berges »Säuling«, der seinerzeit durch Flutung dreier Dörfer gebildet wurde und das ein oder andere Geheimnis zu wahren scheint.

In der Erzählung dominiert ein Erzählstrang, in dem die Abenteuer der Kinder bei der Erforschung des Familienrätsels geschildert werden. Von ihm aus gibt es immer wieder »Ausflüge« in die und Erinnerungen in der Vergangenheit, die von einer Figur erzählt werden.

Das Buch ist im Präteritum in der Ich-Perspektive (Hendrik) geschrieben. Dies erlaubt eine recht umfassende Innensicht des Protagonisten und gibt Einblicke in seine Gedanken- und Gefühlswelt. Diese werden immer wieder auch in inneren Monologen ausgeführt. Das Staunen und Zweifeln Hendriks an den unheimlichen Vorkommnissen wird auf diese Art und Weise sehr anschaulich dargestellt, ebenso wie sein Hadern mit sich selbst und seinem Verhalten gegenüber Ida. Die Erkenntnisse, die er zusammen mit seinem Bruder Eddi und seiner Freundin

Ida bei ihren Recherchen gewinnt, werden immer wieder dargestellt und auf einem aktuellen Stand zusammengefasst. Sie bleiben aber dadurch auch auf seinen Wissenshorizont und seine Erklärungsmodelle beschränkt. Auch die spannenden Momente (z.B. Erdbeben am Seeufer) werden stets aus seiner Perspektive – und damit recht dramatisch – geschildert.

Entsprechend ist man als Leserin bzw. Leser auf seine Sicht der Dinge und auf seine Interpretationen des Handelns seiner Mitmenschen angewiesen. Durch diese Einengung der Perspektive wirken viele Geschehnisse spannender, weil sie quasi hautnah erlebt werden (z.B. als Hendrik seinen Bruder Eddi auf dem Dachboden suchen geht und dabei große Angst hat).

Häufig erklärt sich die Handlung über Dialoge in wörtlicher Rede. Lediglich an einer Stelle sind die Formulierungen als indirekte Rede im Konjunktiv gehalten, als Hendrik die Interpretation des Geschehens aus Eddis Sicht zusammenfasst und wiedergibt, was Eddi gesagt hat.

Da das Geschehen meistens in einem Dorf in der Voralpenregion spielt, bleibt es nicht aus, dass manche Figuren im Dialekt sprechen. Um diese Sätze im Zweifelsfall auch verstehen zu können, ist im Anschluss an den Roman ein »Kleines Allgäuer Wörterbuch« angefügt.

DEUTUNGSPERSPEKTIVEN

U.4

Im Mittelpunkt des Jugendromans steht die Lösung des Rätsels um einen angeblichen Pakt: Ob es einen Zusammenhang gibt zwischen dem oft unheimlichen Erscheinen der Krähen und dem Familiengeheimnis, das der See mit der Zeit preisgibt. Die Kinder, die die Lösung jenes Rätsels angehen, müssen einige Anstrengungen unternehmen und immer wieder Rückschläge bei ihren Forschungen in Kauf nehmen. Die Hauptfigur Hendrik, aus dessen Perspektive die Geschichte erzählt wird, hat zudem immer wieder Zweifel an den Deutungen der Ereignisse der anderen Kinder und an seinen Spekulationen.

Richtig glauben kann er es immer noch nicht, als sich am Ende der Erzählung doch noch der ominöse Pakt zu erfüllen scheint: Der Gott Zius, der auf dem Berg Säuling wohnt und großes Missfallen an der Bildung des Stausees empfindet, verlangt Menschenopfer, um den schwerwiegenden Eingriff in die Natur und die Vernichtung der kultischen Opferstätten zu rächen: Dies ist der eigentliche Pakt. Durch eine Art Kompromiss mit den Krähen gelingt es der Dörflerin Roswitha Abele jedoch, größeres Unheil von den Dörfler_innen abzuwenden, nicht jedoch von sich und ihrer Familie: Ihr Ehemann stirbt und sie selbst stirbt nach der Geburt ihrer Tochter Therese, Idas Oma. Auf Vorschlag der beaufsichtigenden Krähe gelingt es der Hebamme, Frau Fischer, durch einen Trick, das Leben des kleinen Mädchens zu retten, indem sie es zu einer Pflegefamilie gibt und als Zwilllingskind der dort gebärenden Frau ausweist. Diese List soll vor Zius geheim bleiben und nicht durch die Krähen verraten werden. Das Stillschweigen über ihn gerät mit den Jahren ins Wanken, da die Hebamme immer mehr Hinweise auf diesen Pakt hinterlässt. Als die Wahrheit ans Licht kommt – Therese findet sie in jenem Sommer, in dem die Geschichte spielt, heraus –, muss also ein weiteres Menschenopfer her, auf dass die Verletzung der Natur gesühnt werde: Frau Fischer stirbt durch die Folgen des Erdbebens, und der See wird stellenweise verschüttet.

Neben dem detektivischen Bemühen, den »Fall« zu lösen, ist ein weiteres großes Thema in diesem Buch die Beobachtung verschiedener unheimlicher Ereignisse und übernatürlicher Phänomene sowie die damit verbundenen Fragen: Ist das möglich? Was kann und soll ich glauben? Diese geheimnisvolle Mystik, die immer wieder durch verschiedenste Ereignisse in Erscheinung tritt, beschäftigt alle Figuren, am meisten jedoch die Kinder. Während die Erwachsenen von den Phänomenen eher weniger beeindruckt sind oder sie auf sich beruhen lassen, beschäftigt sich vor allem Hendrik sehr wohl mit der Frage, wie die Dinge möglicherweise miteinander zusammenhängen könnten und ob die mystischen Ereignisse als solche zu betrachten sind oder ob sich alles zufällig zuträgt und es keine Zusammenhänge zwischen ihnen gibt. Hendrik ist der große, eher rational denkende Bruder, der viele solcher Verbindungen anzweifelt und hinterfragt. Er fühlt sich häufig verantwortlich für seinen jüngeren Bruder, der jedoch eine Fähigkeit hat, die Hendrik nicht hat: Er besitzt die übernatürliche Gabe, mit Tieren in Kontakt treten und sie verstehen zu können. Eddi ist deshalb – auch als Gegenpart zum rationalen Hendrik – offener für mystische Erklärungsversuche für die Zusammenhänge der übernatürlichen Vorkommnisse. Er sieht die Krähen als Vorboten für solche Ereignisse und ihr plötzliches Erscheinen nicht als Zufall an. Er ist es auch, der immer wieder heftig von Krähen attackiert wird – wohl um zu verhindern, dass die Kinder dem Geheimnis um den Pakt auf die Spur kommen. In diesem Roman scheint es Eddi nicht so leicht zu fallen, zu verstehen, was die Krähen wollen, wie im Vorgängerband »Das schaurige Haus«, als er sich offensichtlich mit Schnecken verständigen konnte. Doch gerade dieses unerwartete Versagen dieser Gabe trägt nicht unerheblich zur Konfusion bei, was die Deutung der unheimlichen Ereignisse angeht.

Mitunter klingt dann bei Hendrik Neid durch, wenn Eddi für seine Fähigkeit geschätzt wird, vor allem wenn die Bewunderung von Mädchen kommt, hier vor allem von Ida, zu der sich eigentlich Hendrik hingezogen fühlt. Am Anfang der Pubertät stehend, wirkt Hendrik in der Begegnung mit Ida zu Beginn der Erzählung meist unsicher, andere Personen (Monique) sind ihm in ihrer Gegenwart sogar peinlich. Aber nicht immer steigert er sich in seinen Selbstzweifel und in seine – teilweise schon regelrechte – Eifersucht hinein wie bei der Szene, als er sich unbedingt im See abkühlen muss, wegen innerer und äußerer »Hitze«. Oder beim Besuch der Kirche, als er sich möglichst klein machen will und sich unter seiner Mütze versteckt, um nur ja nicht wahrgenommen zu werden, am wenigsten von Ida.

Oft bleibt Hendrik aber auch souverän und gewinnt an Sicherheit, je länger er eine Zeitlang mit Ida zusammen ist. Dann kann es auch mal zu erstem Händchenhalten und zu ersten zaghaften Kussversuchen kommen. Meldet sich Ida eine Weile nicht, scheint die Welt unterzugehen, und es werden unzählige Ursachen bei sich gesucht, woran das möglicherweise liegen könnte. Lange kann Hendrik Ida jedoch nicht böse sein, und wenn es dann erneut zu einem Kontakt kommt, ist die Welt wieder in Ordnung. – Der einige Jahre jüngere Eddi ist in dieser Hinsicht noch nicht so sehr von Selbstzweifeln geplagt. Er weiß hundertprozentig, dass er später einmal die gleichaltrige Monique heiraten wird, und sie weiß dies ebenso sicher. Die beiden tun das immer wieder offen kund, und diese unschuldige Selbsicherheit Eddis verstärkt mitunter noch Hendriks Selbstzweifel.

Eddi weiß, was er will, das beeindruckt manchmal Hendrik. Der pubertierende Hendrik weiß nämlich oftmals gar nicht, was er will. Er ist immer wieder hin- und hergerissen: So hadert er mit sich und der Welt, als er sich letztlich gar nicht für ein passendes Weihnachtsgeschenk für Ida entscheiden kann. Oder z. B. beim Kirchgang, als er sich erst sehnlichst wünscht, Ida möge sich nach ihm umdrehen, und dann aber im gleichen Augenblick wieder davon Abstand nimmt und sich das Gegenteil wünscht. Oder er stört sich zuerst daran, dass Ida neuerdings ein Parfüm aufträgt, und später findet er es eigentlich gar nicht so schlecht. Hendrik kommt einfach nicht mit Idas Veränderungen klar (Haar nach hinten werfen, Parfüm auftragen, Samtkleid und Feinstrumpfhosen tragen). Er braucht Zeit, um sich an diese Veränderungen zu gewöhnen und sich darüber klar zu werden, ob er sie mag oder nicht.

Hendrik gewinnt am Schluss an Selbstsicherheit und Selbstvertrauen und weiß durchaus, dass er mit seiner Haltung und mit seinen Handlungen einen erheblichen Beitrag zur Lösung des Falls beigetragen hat. Als weiteres Zeichen zunehmender Reife kann der Umstand gewertet werden, dass sich Hendrik fast als einziger aufrichtig Sorgen um die verschollene Frau Fischer macht und sich wundert, dass ihr Verschwinden niemanden zu kümmern scheint.

Trotz ihrer Unterschiedlichkeit bleiben sich die beiden Brüder am Ende gegenseitig verbunden und halten weiterhin vertrauensvoll zusammen.

u.5 METHODENKISTE

Die folgende »Methodenkiste« ist als Ideenpool zur Planung einer Unterrichtseinheit zum Roman »Die Krähe am unheimlichen See« gedacht. Sie verbindet anzustrebende Kompetenzen im Deutschunterricht mit möglichen Textumgangsweisen in einem Unterricht zum Roman. Dabei beziehen wir uns auf die von der Kultusministerkonferenz (KMK) verabschiedeten »Bildungsstandards für das Fach Deutsch für den Mittleren Bildungsabschluss«, die die verbindliche Grundlage für alle in den Ländern zu entwickelnden Lehr- und Bildungspläne in der Sekundarstufe I darstellen.

In der rechten Spalte geben wir jeweils mögliche Beispiele für eine konkrete Umsetzung im Unterricht. Hier finden sich auch Verweise zu den Kopiervorlagen und Infoblättern in diesem Heft. Zahlreiche methodische Möglichkeiten sprechen mehrere Kompetenzen an. Wir haben uns zum Zwecke der Übersichtlichkeit jeweils für eine in den Bildungsstandards geforderte Kompetenz des Bereiches 3.3 (»Lesen – mit Texten und Medien umgehen«) entschieden. Häufig lassen sich auch evidente Bezüge zu den Bildungsstandards der anderen Bereiche herstellen.

Darüber hinaus stehen die vorgeschlagenen Methoden in Verbindung mit einem fächerübergreifenden Ansatz, den Sie je nach Klassensituation, Vorwissen und Interessen der Schüler_innen modifizieren können.

Kompetenzen	Methoden	Beispiele
→ Verschiedene Lesetechniken beherrschen		
• Über grundlegende Lesefertigkeiten verfügen: flüssig, sinnbezogen, überfliegend, selektiv, navigierend lesen	• Ein Kapitel bzw. eine besonders wichtige oder spannende Stelle vorlesen • Die Auswahl individuell begründen	• Kapitel/Passage nach Wahl der Schüler_innen
	• Einen Textausschnitt mit verteilten Rollen lesen	• Kap. 6 »Im See« • Kap. 11 »Lehm«, S. 94–97
	• Bestimmte Textinhalte auffinden	• Mit dem Zeilometer arbeiten → **k.1** • Exemplarische Analyse eines Spannungsaufbaus → **k.4** • Wo ist die Haltung Hendriks Ida gegenüber zu erkennen? → **k.5** • Welche Wörter lassen eine unheimliche Stimmung entstehen? → **k.6** • Unsicherheit Hendriks gegenüber Ida → **k.9**
	• Ein den Text erschließendes Unterrichtsgespräch anhand von Leitfragen führen	• Immer wieder möglich und evtl. auch nötig, um alle Schüler_innen »auf einen gemeinsamen Nenner« zu bringen.
	• Ein Kapitel oder einen Textabschnitt gestaltend vorlesen und ggf. Audio-Aufnahmen machen	• Kap. 4 »Dachboden« • Kap. 6 »Im See« • Kap. 11 »Lehm«, S. 94–97 • Kap. 19 »David«
→ Strategien zum Leseverstehen kennen und anwenden		
• Leseerwartungen und -erfahrungen bewusst nutzen	• Eine Mindmap/einen Cluster mit Assoziationen erstellen (Impulse durch Titel, Umschlagbild, Klappentext, Autorin); damit einhergehend eine Leseerwartung aufbauen, Vorwissen aktivieren; ein Lesemotiv formulieren	• Titelbild als stummer Impuls (zunächst nur die Kinder zeigen, dann die Krähen dazu aufdecken) → **k.2** • Erste Assoziationen als Mindmap festhalten • Verliebtsein • Angst • Mystik
	• Bezüge zur eigenen Lebenswirklichkeit herstellen	• Die Folgen der Umweltzerstörung → **k.7** • Erstes Verliebtsein (wie Hendrik) • Hattest du auch schon mal Angst wie Hendrik im 15. Kapitel? • Kam dir jemand zunächst unheimlich, später dann aber freundlich vor? (Kap. 17 »Gewitter«) • Passendes Geschenk finden (Kap. 12 »Geschenke«)
• Textschemata erfassen, z. B. Textsorte, Aufbau des Textes	• Die Erzählkonstruktion analysieren	• Rückblenden im Roman auffinden (Vorgeschichte im Vorgängerroman) • Dem Pakt-Rätsel auf der Spur → **k.11** • Beziehung Hendrik – Ida
• Verfahren zur Textstrukturierung kennen und selbstständig anwenden	• Wesentliche Textstellen kennzeichnen	• Aufbau eines Spannungsbogens → **k.4**
	• Den Text gliedern	• Aufschlüsselung des Pakts zwischen Menschen und Krähen → **k.11** • Tabellarische Kapitelübersicht → **i.4**

Kompetenzen	Methoden	Beispiele
• Verfahren zur Textstrukturierung kennen und selbstständig anwenden (Forts.)	• Kapitel- bzw. Abschnittsüberschriften formulieren	• Große Kapitel feiner unterteilen: – Kap. 7 »Anderswelt«, S. 63 – Kap. 9 »Der Käfig«, S. 76 – Kap. 16 »Klimaerwärmung«, S. 122 – Kap. 17 »Gewitter«, S. 133 – Kap. 21 »Der Pakt«, S. 171 • Alternative Überschriften finden (Kap. 15 »Rugby«, S. 115)
	• Fragen aus dem Text ableiten	• Was soll man glauben? • Kann sich die Natur für etwas (bewusst) rächen? • Hat das Buch ein Happy End? • Warum verhält man sich manchmal so und nicht anders? (Hendriks Unsicherheit Ida gegenüber) • Kann man ein Menschenopfer einfach so hinnehmen (Frau Fischer), wie es die Dörfler_innen tun? • Ist ein bestimmtes Ereignis nun mystischer Spuk oder hat es einen rationalen Grund?
	• Bezüge zwischen Textteilen herstellen	• Bodos Charakter ändert sich in Hendriks Wahrnehmung (Kap. 11 »Lehm« und Kap. 17 »Gewitter«)
• Verfahren zur Textaufnahme kennen und nutzen	• Eine wichtige Textstelle visualisieren	• Die Hauptfiguren (Kap. 1–3) • Das Ölgemälde nachmalen (S. 138) → **k.9**
	• Zu vorgegebenen Antworten Fragen verfassen	• Zufall oder Mystik → **k.8**
	• Fragen zum Text beantworten	• Gedanken zum Umgang mit dem Internet → **k.10**
	• Aussagen erklären und konkretisieren	• Monique sagt: »Jetzt hab ich das erste Mal in meinem Leben echtes Wasser getrunken.« (S. 56) • Ida sagt: »Man kann mit zu viel Wissen die wahre Erkenntnis überdecken.« (S. 58) • Hendrik sagt: »Kein Geschenk war auf jeden Fall besser als ein irgendwie missverständliches Geschenk.« (S. 104) • Ida sagt: »Stellt euch vor, er hat für Lisa einen Traktorkalender gekauft.« (S. 99)
	• Stichwörter formulieren und damit ein Kapitel nacherzählen	• Kap. 21 »Der Pakt«: Überblick über das Geschehen am See
→ Literarische Texte verstehen und nutzen		
• Ein Spektrum altersangemessener Werke – auch Jugendliteratur – bedeutender Autorinnen und Autoren kennen	• Leben und Werk der Autorin kennenlernen	• Die Autorin → **i.1** • Interview mit Martina Wildner → **i.2** • Das preisgekrönte Buch »Königin des Sprungturms«
	• Thematisch verwandte Jugendromane kennenlernen	• Das Vorgängerbuch »Das schaurige Haus« • »Krabat« (Otfried Preußler)
• Zentrale Inhalte erschließen	• Einsatz anderer Medien/inhaltlich entsprechend orientierter Zusatztexte zur Erarbeitung der Romanthemen	• Weiterführende Literatur → **i.5** • Filme, Hörfunkbeiträge, Zeitschriftenartikel und Internetquellen zu den Themen des Romans
• Wesentliche Elemente eines Textes erfassen, z. B. Figuren, Raum- und Zeitdarstellung, Konfliktverlauf	• Den zeitlichen Verlauf des Romans erarbeiten und darstellen	• Kapitelübersicht zum Roman → **i.4** • Spuren des Rätsels, die zur Lösung führen, festhalten → **k.10**, **k.11**
	• Eine Figurenkonstellation/ein Soziogramm erarbeiten	• Figurenkonstellation → **i.3** • Grafische Umsetzung der Figurenkonstellation

Kompetenzen	Methoden	Beispiele
	• Die Beziehung zwischen Figuren herausarbeiten	• Hendrik – Ida • Ida früher – Ida heute
	• Figuren charakterisieren; relevante Textstellen mithilfe der Kapitelübersicht auffinden → **i.4**	• Bodo vorher – Bodo nachher • Veränderung Idas
	• Handlungsräume analysieren, auch hinsichtlich der Symbolik	• Chemnitz • Das Dorf im Allgäu • Der Stausee, der Berg Säuling
	• Ein Thema bzw. Motiv über den ganzen Roman hinweg verfolgen	• Freundschaft, erste Liebe • Zufall oder Mystik (ganzer Roman) → **k.8**
	• Den Konfliktverlauf zwischen Figuren grafisch bzw. verbal darstellen	• Beziehungskurve Hendrik – Ida
• Wesentliche Fachbegriffe zur Erschließung von Literatur kennen und anwenden	• Die Erzählperspektive wechseln: eine Textstelle aus anderer Perspektive erzählen	• Einen Abschnitt eines Kapitels in der auktorialen Perspektive schreiben • Einen Abschnitt eines Kapitels aus Idas Perspektive schreiben
	• Die Erzählzeit analysieren	• An einer beliebigen Passage im Roman die Verben untersuchen, in einer Tabelle (Präsens/Präteritum) notieren
	• Äußere und innere Handlung unterscheiden	• Gedanken Hendriks loslösen von der eigentlichen Handlung
	• Den Spannungsverlauf untersuchen/eine Spannungskurve erstellen	• Kap. 4 »Dachboden«, S. 33 → **k.5** • Kap. 15 »Rugby«, S. 115 (Hendrik sucht Eddi auf dem Dachboden) • Kap. 14 »Die Waldhütte«, S. 110
	• Einen inneren Monolog einer Figur verfassen	• Die Gedanken der Mutter, als sie nicht mit in die Kirche geht • Die Gedanken Idas, als sie ihr (unpassendes) Geschenk von Hendrik auspackt
• Sprachliche Gestaltungsmittel in ihren Wirkungszusammenhängen und in ihrer historischen Bedingtheit erkennen, z. B. Wort-, Satz- und Gedankenfiguren, Bildsprache (Metaphern)	• Die Namen von Figuren oder Schauplätzen unter die Lupe nehmen	• Flussnamen keltischen Ursprungs • Gottheit »Ziu« • Berg »Säuling«
	• Sprachliche Bilder/Metaphern und mögliche Symbole im Text erkennen, ihre Bedeutung verstehen und über ihre Leistungen diskutieren	• Die Bedeutung der Krähen: – Vorbote; Bote der Anderswelt – Metapher für übernatürliche Ereignisse und deren Ankündigung • Teekesselchen »Schloss« (S. 54) • DEUS PASCIT CORVOS (S. 166)
	• Redeformen (Figurenrede, Erzählerrede) identifizieren	• Moniques Ausführungen zum Pakt, wiedergegeben in indirekter Rede im Konjunktiv (ab S. 197)
	• Stilaspekte untersuchen	• Unheimliche Stimmung aufbauen → **k.6** • Spannung aufbauen → **k.4**
• Eigene Deutungen des Textes entwickeln, am Text belegen und sich mit anderen darüber verständigen	• Eine kontroverse Diskussion zu bestimmten Aspekten oder Figuren führen	• Kann sich die Natur an der Menschheit für deren Umweltsünden (bewusst) rächen? → **k.7** • Ida: »Man kann mit zu viel Wissen die wahre Erkenntnis überdecken.« (S. 58) • Zur Figur Bodo: Ist er unheimlich oder freundlich? • Internet: Man muss nichts mehr lernen, braucht keine Fantasie mehr → **k.10** • Ida: »Du hast es gedacht, also ist es möglich« – Ist etwas möglich, nur weil man es denkt? (S. 193)
	• Eine Rezension zum Roman verfassen	• Rezensionen im Internet recherchieren • Eine eigene Rezension verfassen

Kompetenzen	Methoden	Beispiele
• Analytische Methoden anwenden	• Den Inhalt eines Textabschnitts rekonstruieren und wiedergeben	• Kurze Inhaltsangabe verfassen
	• Den antizipierten und realen Handlungsverlauf vergleichen	• Was erwartet Eddi auf dem Dachboden? (Kap. 5) • Die Kinder schaffen es nicht alleine, die Krähen zu vertreiben: Kap. 21 »Der Pakt« • Kap. 19 »David«: David fällt es schwer, sich zu entschuldigen, und wird von seinem Vater angeschrien
	• Untersuchen, wie im Text Spannung erzeugt wird	• Spannungsbogen im Kap. 5 »Dachboden« → **K.4** • Kap. 10 »Haut ab« (u. a. Omas Blicke) • Kap. 17 »Gewitter« • Kap. 22 »Beben«
	• Handlungsmotive einer Figur herausarbeiten	• Warum geht Hendrik ins Wasser? (Kap. 6 »Im See«) • Warum kann sich Hendrik für die einzelnen Geschenke nicht entscheiden? (Kap. 12 »Geschenke«)
	• Textstellen interpretieren und mit eigenen Worten erklären	• Monique trinkt zum ersten Mal »richtiges Wasser« (Kap. 6 »Im See«) • Warum will Hendrik den Übertopf mit dem Herz nicht? (Kap. 12 »Geschenke«)
	• Eine gemeinsame Reflexion der Lektüre durchführen	• Bei einem Abschlussgespräch Einschätzungen und Bewertungen austauschen
• Produktive Methoden anwenden	• Ein eigenes Lesetagebuch bzw. einen Leseordner zum Roman führen	• Individuelle Einträge • Eigenes Cover gestalten während bzw. nach der Lektüre
	• Einen Comic oder eine Fotostory zu einem Kapitel des Romans erstellen	• Kap. 22 »Beben« • Idas Geschenkübergabe (Kap. 20 »1953 oder 1954?«)
	• Einen Buchtrailer in »Stop Motion«-Technik produzieren	• Zum Beispiel die Handlung von Beginn bis zum Showdown (Kap. 17 »Gewitter«) • Einen Trickfilm über den ganzen Roman produzieren, jeweils in Partnerarbeit ein Kapitel
	• Einen Steckbrief zu einer Figur erstellen	• Bodo, Hendrik, Eddi, Ida
	• Ein fiktives Interview mit einer Figur führen	• Mit Bodo, nachdem er Ida und ihre Oma am Abhang gerettet hat (Kap. 22 »Beben«) • Mit Ida, nachdem sie sich mit Hendrik gestritten hat (Kap. 6 »Im See«)
	• Einen fiktiven Dialog zwischen Romanfiguren verfassen	• Zwischen Idas Mutter und Idas Oma, im Krankenhaus, nachdem die Oma ihre wahre Herkunft verraten hat (Kap. 24 »Meine M total s«)
	• Gedanken und Gefühle der Figuren imaginieren	• Idas Gedanken, nachdem sie von Hendrik ein unpassendes Geschenk bekommen hat (Kap. 20 »1953 oder 1954?«) • Omas Gedanken, als sie nach einem Kreislaufkollaps ins Krankenhaus gefahren wird (Frau Fischer ist verschwunden) (Kap. 21 »Der Pakt«)
	• Eine Textstelle weiterschreiben	• Was passiert während des Wartens? (Ende Kap. 11 »Lehm«)
	• Standbilder prägnanter Szenen darstellen und erraten lassen	• Davids Entschuldigung (Kap. 19 »David«) • Wütender Dialog zwischen Hendrik und Ida (S. 58) • Omas starrer Blick (Kap. 10 »Haut ab«) • Bodos kultischer Tanz (Kap. 14 »Die Waldhütte«)

Kompetenzen	Methoden	Beispiele
	• Einen Brief einer Figur an eine andere Figur verfassen	• Hendrik an Ida: Du hast dich verändert … • Hendrik an Ida: Entschuldigung (Kap. 15 »Rugby«) • Hendriks Mutter an Frau Seelos (Vorwürfe)
	• Einen Brief an eine Figur verfassen	• An Hendrik: Warum haderst du so mit dir, wenn es um Ida geht?
	• Zu einem Kapitel einen Tagebucheintrag verfassen	• Oma wirft Kinder aus dem Haus (Kap. 10 »Haut ab!«) • Ida ist es peinlich (Ida schreibt) • Eddi wundert sich (Eddi schreibt)
	• Eine Ich-Erzählung einer Figur verfassen	• Bodo springt den Kindern und der Oma bei (Kap. 22 »Beben«)
	• Eine Reportage bzw. einen Zeitungsbericht über eine Textstelle verfassen	• Zu Kap. 22 »Beben« einen Zeitungsbericht oder eine Audio-Reportage verfassen/aufnehmen
	• Ein literarisches Rollenspiel z. B. zu einer Szene durchführen	• David entschuldigt sich (Kap. 19 »David«) • Ida und Hendrik streiten sich (Kap. 6 »Im See«)
	• Einen Handlungsort oder eine Szene malen, zeichnen oder nachbauen	• S. 138: Bildbeschreibung nachmalen • Stausee mit den gefluteten Dörfern zeichnen
	• Eine thematische Aktion durchführen	• Zum Thema Umweltzerstörung/Klimaveränderung
	• Ein alternatives Titelbild erstellen	• Ideen der Schüler_innen aufgreifen
	• Ein Hörspiel verfassen	• Zum Beispiel zu Kap. 9 »Käfig«
• Handlungen, Verhaltensweisen und Verhaltensmotive bewerten	• Sympathie/Antipathie zu den Figuren thematisieren	• Oma • Bodo
	• Zu den Romanfiguren Stellung beziehen, ihr Verhalten und Handeln bewerten und kommentieren	• Bodos Handeln • Hendriks Verhalten Ida gegenüber → **K.5, K.9**
→ Sach- und Gebrauchstexte verstehen und nutzen		
• Hintergrundinformationen suchen, verstehen, auswerten und vergleichen	• Eine Collage erstellen	• Zur Anderswelt der Kelten → **K.13** • Zur Funktion eines Wasserkraftwerks (Stausee) • Steckbrief und biologische Infos zur Krähe → **K.3** und S. 19, 31, 57
→ Medien verstehen und nutzen		
• Informationsmöglichkeiten nutzen	• Internet- und Buchrecherche zu Themen des Romans	• Klimawandel → **K.12** • Jenseitsvorstellung der Kulturen → **K.21** • Das Volk der Kelten • Erste Liebe • Zufall/Mystik • Aberglaube • Skepsis gegenüber Ergebnissen einer Internetrecherche → **K.10, K.14** • Braunkohleabbau → **K.15**
• Medien zur Präsentation und ästhetischen Produktion nutzen	• Digitale Präsentationen bzw. Hypertexte erarbeiten, vorstellen und reflektieren	• Zum Steckbrief »Krähe« → **K.3** • Übersicht zum Pakt → **K.11**

u.6 VORSCHLAG FÜR EINE UNTERRICHTSEINHEIT

Bei dem Jugendroman »Die Krähe am unheimlichen See« ist es offensichtlich, dass die Detektivgeschichte und die Lösung des Rätsels um die Krähe und den Pakt im Vordergrund stehen und entsprechend verfolgt und aufgeschlüsselt werden sollten.

Auch der Handlungsstrang zwischen Ida und Hendrik kann genauer betrachtet und bewertet werden. Ein weiteres großes Thema können die übernatürlichen Phänomene und die damit verbundene Frage, was man glauben soll und was nicht, sein.

Weitere Einzelthemen, die in dem Buch mehr als gestreift werden, aber nicht stets im Vordergrund stehen, können angesprochen oder als indiviudelle Schwerpunktthemen angeboten werden:

- die Klimaerwärmung → **k.12**
- die Vorstellungen des Jenseits in verschiedenen Kulturkreisen → **k.13**
- Skepsis gegenüber den Ergebnissen einer Internet-Recherche → **k.14**
- der Braunkohleabbau → **k.15**

Zur Arbeit mit dem Roman bietet es sich an, ein Lesetagebuch oder einen Leseordner anzulegen. Die Kopiervorlagen können hier eingefügt werden und durch eigene Texte und Beiträge ergänzt werden. Da mit dem Buch über mehrere Wochen gearbeitet werden wird, bleibt so alles schön beisammen und die Arbeit mit dem Buch bekommt eine gewisse Struktur.

Die Kopiervorlagen beziehen sich häufig auf ein einzelnes Kapitel und sind in chronologischer Reihenfolge aufgeführt. Diese Strukturierung soll den Jugendlichen einen möglichst einfachen Zugang zum Roman ermöglichen und auch schwächere Leser_innen nicht überfordern.

Weitere Anregungen zur Arbeit mit dem Jugendroman, vor allem unter Einbeziehung des Lesetagebuchs/Leseordners, können der »Methodenkiste« entnommen werden → **u.5**.

Einstiegssequenz

- Stummer Impuls: Die Schüler_innen sehen das abgedeckte Titelbild als Projektion im Klassenzimmer, nur die Kinder unten sind zu sehen, wie sie erkennbar ängstlich nach oben starren. Was mag der Grund für Ihre Sorge sein? – Die Schüler_innen erhalten ein Arbeitsblatt mit diesem Motiv und ergänzen ihre Vermutungen in Form einer Zeichnung → **k.2**.
- Die Schüler_innen erfahren den Titel des Buchs und äußern Vermutungen, um was es in dem Roman gehen könnte.

Modul A: Den Roman lesen und erarbeiten

- Lektüre des Romans teils häuslich (z. B. mit Notizen ins Lesetagebuch/in den Leseordner), teils im Unterricht (Vorlesen durch Lehrer_in und Schüler_innen, stille/freie Lesephasen)
- Schwerpunktmäßige Bearbeitung des Romans mithilfe der Kopiervorlagen → **k.2** bis **k.11**

Modul B: Thematische Aspekte erarbeiten

- Hier werden vor allem die Recherche-Aufträge zu den Themen »Klimaerwärmung«, »Jenseits-Vorstellung der Kulturen«, »Skepsis gegenüber Ergebnissen einer Internet-Recherche« und »Braunkohleabbau« → **k.12** bis **k.15**
- Präsentation der Arbeitsergebnisse, z. B. durch Plakatvortrag, digitale Präsentation, Wandzeitung oder andere Formen.

Modul C: Projektorientiertes Arbeiten

- An unterschiedlichen, selbst gewählten Themen in Einzel-, Partner- bzw. Gruppenarbeit arbeiten
- Weitere Ideen und Anregungen sind in der »Methodenkiste« in diesem Heft zu finden → **u.5**
- Präsentation der Arbeitsergebnisse (s. o.)

Modul D: Die Lektüre reflektieren

- Präsentation von Arbeitsergebnissen aus den Lesetagebüchern bzw. Leseordnern

→ Verfassen einer Rezension zum Roman (z. B. als Lernzielkontrolle)

→ Abschließendes Gespräch über die subjektiven Leseeindrücke und Bewertungen der Schüler_innen

Infoblätter

© privat

DIE AUTORIN MARTINA WILDNER

i.1

Martina Wildner wurde am 11. September 1968 in Obergünzburg im Allgäu geboren. Nach einigen Semestern Islamwissenschaften in Erlangen (1988–1992) und einem Grafikdesign-Studium an der Fachhochschule Nürnberg (1997–2003) arbeitet sie seit 1998 als freie Autorin und Malerin. Sie lebt mit ihrer Familie in Berlin.

Auszeichnungen (Auswahl)

2014	Deutscher Jugendliteraturpreis für »Königin des Sprungturms«
2012	Nominierung für den Deutschen Jugendliteraturpreis für »Das schaurige Haus«
2003	Peter-Härtling-Preis für »Jede Menge Sternschnuppen«

Bücher von Martina Wildner

- Die Krähe am unheimlichen See (2017)
- Finsterer Sommer (2016)
- Königin des Sprungturms (2013)
- Das schaurige Haus (2012)
- Irgendwas stimmt nicht (2012)
- Six (2010)
- Murus (2010)
- Cora und Fred – Ein Zwilling kommt selten allein (2010)
- Grenzland (2009)
- Michelles Fehler (2006)
- Liebe Isolde (2003)
- Jede Menge Sternschnuppen (2003)

Homepage

Mehr Informationen über Martina Wildner bietet ihre Homepage unter www.martina-wildner.de.

INTERVIEW MIT MARTINA WILDNER: »KRÄHEN SIND SCHLAUER«

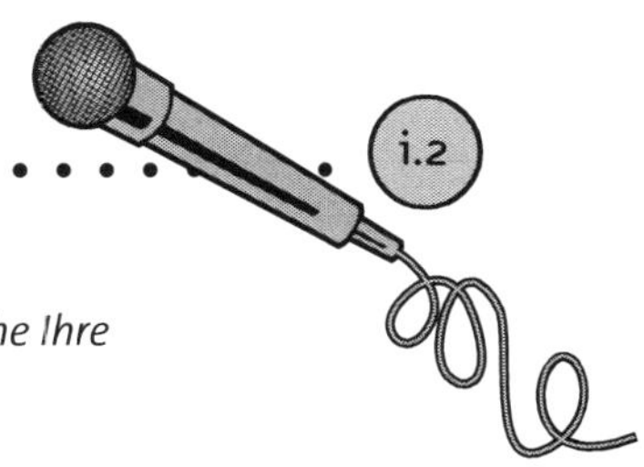

i.2

Martina Wildner über die Spuktiere in ihren Romanen, ihre Lieblingsszene und ihre Art, Romane zu schreiben

? *Liebe Frau Wildner, wie sehr mögen Sie Krähen auf einer Skala zwischen 0 und 10?*

9.

? *Sie haben nicht immer Bücher mit magisch-mysteriösen Inhalten geschrieben, nun sind »Das schaurige Haus« und »Die Krähe am unheimlichen See« sehr wohl schaurigen Inhalts. – Ist das Unheimliche Ihre neue Leidenschaft?*

Es ist eher eine Leidenschaft für Dinge, die über die Wirklichkeit, so wie wir »aufgeklärten Europäer« sie verstehen, hinausgehen. Nebenwelten tauchen in vielen meiner Bücher auf wie in »SIX«, in dem eine Mangawelt Wirklichkeit zu werden scheint, oder in »Michelles Fehler«, in dem es ein Fehlerberechnungsamt gibt, also eine Behörde, die die Fehler jedes Einzelnen auflistet und bewertet. Diese Nebenwelten sind immer ein wenig bedrohlich oder unheimlich.

Nach den Schnecken im »schaurigen Haus« nun die Krähe – wie kamen Sie auf dieses Tier?

Ich habe lange überlegt. Schnecken sind ja sehr ungewöhnliche Spuktiere, die nicht so oft auftauchen, Krähen sind dagegen ein sehr gebräuchliches Spuktier. Es gibt massenweise Bücher und Filme mit Krähen. Deswegen habe ich überlegt, ob ich lieber Tauben oder Möwen nehmen soll. Tauben wären gut gewesen, sie sind etwas eklig und haben extrem hässliche Küken – wir hatten mal ein Nest auf dem Balkon –, aber dann habe ich mich für Krähen entschieden, weil sie schlauer sind. Möwen fielen weg, weil man für Möwen viel Wasser braucht.

Sie nehmen Bezug auf Otfried Preußlers »Krabat« – welche Autoren bevorzugen Sie selbst bzw. haben Sie selbst bevorzugt?

»Krabat« habe ich früher sehr gern gelesen. Erst vor einiger Zeit habe ich es meinen Kindern vorgelesen. Als Kind habe ich ganz konventionell gelesen: »Dolly« von Enid Blyton. Jetzt lese ich gern Flann O'Brien, Haruki Murakami, Georg Klein, Clemens Setz oder Wilhelm Genazino. Arno Schmidt verehre ich sehr.

Wie viel von der Person Martina Wildners steckt in den Figuren?

Ich bin auf der einen Seite sehr rational, glaube an Physik, Chemie und die Schulmedizin, was dann wohl eher auf Hendrik zutrifft. Andererseits bin ich überzeugt davon, dass es auf der Welt Dinge gibt, die der Mensch nicht versteht, die über unsere Welt hinausgehen. Das entspricht Eddi, der ja Zugang zu dieser Welt hat – eine Fähigkeit, die ich mir für mich wünschen würde.

Außerdem stecke ich natürlich auch in Nebenfiguren, in Orten und Dingen.

Die Familie der Brüder Hendrik und Eddie wohnt in Chemnitz, und Sie halten in diesem Buch des Öfteren die Fahne für die Sachsen hoch: »Da wird so viel über die Sachsen gelästert, aber so schlimm sind sie doch gar nicht!« (S. 191) Nun ist Chemnitz ja in jüngster Zeit durch »Demonstrationen« leider eher negativ in der Öffentlichkeit wahrgenommen worden. Was denken Sie darüber?

Man vergisst als Westdeutscher oft, dass es in ostdeutschen Biografien einen Bruch gibt. Jeder aus dem Osten über 40 hat einmal alles neu lernen müssen, viele waren damals verunsichert. Es wurde ja auf einmal alles ganz anders, die eigene Vergangenheit war nichts mehr wert. Das hinterlässt Spuren. Das wirkt auch noch auf die Menschen, die jünger sind.

Faszinierend: Sie schreiben eigentlich eine Mischung aus mystischer Geschichte und Detektivgeschichte, trotzdem schaffen Sie das Kunststück, wie beiläufig Bezüge zu politischen, mehr oder weniger aktuellen Themen herzustellen: Bürgerkrieg, brennende Asylbewerberunterkünfte, Tagebau, Klimawandel etc. – Das scheint Ihnen sehr wichtig zu sein?

Politische Angelegenheiten können mich ungeheuer belasten. Nachdem Trump gewählt wurde, konnte ich sechs Wochen keine Nachrichten schauen. Lesen ging eher, da konnte ich dosieren. Im Moment leide ich sehr unter dem Wetterbericht in dem Radiosender, den ich immer höre. Die Sprecher verkünden voller Freude, wie wunderbar das Wetter sei, immer Sonne, toller Sommer, goldener Herbst, etc. Ich kann das nicht ertragen: Das ist nicht toll. In Berlin hat es z.B. vom 3.8. bis 23.9.2018 nicht geregnet. Trotzdem würde ich mich aber eher als unpolitischen Menschen bezeichnen.

Welche Figur in diesem Jugendroman ist Ihnen die liebste?

Hendrik.

Und Ihre Lieblingsszene?

Ich mag sehr, wie Hendrik, Ida, Eddi und Monique auf den zwei Fahrrädern das erste Mal zum See fahren und wie Hendrik dort badet.

Wie verläuft bei Ihnen der Schreibprozess? Sind alle Figuren und Handlungsstränge schon vorgeplant, oder entwickeln sie sich im Verlauf des Schreibens?

Leider kann ich nichts planen. Damit geht man ein hohes Risiko ein, weil es komplett schiefgehen kann. Aber nur so macht es Spaß und nur so kann ich denken oder die Handlung und die Personen entwickeln.

Auf welches Buch von Ihnen dürfen wir uns in Zukunft freuen? Woran arbeiten Sie gerade?

Es gibt ja bald »Dieser verfluchte Baum«, das ist dann Teil III der Allgäu-Schauer-Saga. Da gibt es kein Spuktier, sondern einen Spukbaum. Außerdem arbeite ich an einem Buch über Fußball, aber ob das auch erscheint, weiß ich nicht.

Vielen Dank für das nette Gespräch, Frau Wildner!

Interview: Marc Böhmann, Burkhard Fries (November 2018)

FIGURENKONSTELLATION

i.3

Je größer der Name der Figur abgedruckt ist, desto bedeutender ist die Rolle, die sie in der Handlung des Jugendromans spielt.

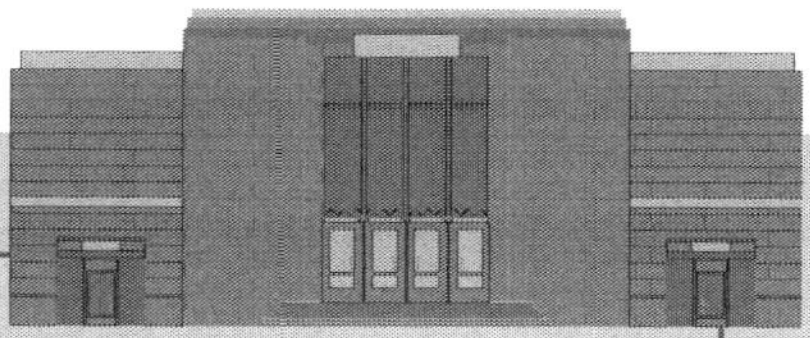

Hendriks Familie Reitsch aus Chemnitz

Vater
- Naturwissenschaftler
- meist ruhig im Hintergrund

Eddi
- verfügt über eine besondere Gabe
- hat das Haus im Allgäu geerbt
- will später mal Monique heiraten

Hendrik
- mit Ida treibende Kraft bei Lösung des Rätsels
- ambivalentes Verhältnis zu Ida
- häufig von Selbstzweifeln geplagt

Mutter
- offen für Mystisches, aber auch für Rationales
- kommt mit Dörfler_innen nicht zurecht

Moniques Familie Ebel, auch aus Chemnitz

Monique
- unbekümmerte Freundin von Eddie
- neugierig und lebensklug
- ein bisschen unterschätzt

Mutter Marleen
- alleinerziehend
- ein bisschen ›prollig‹
- Hang zu Mystik
- verliebt sich in Bodo Moser

Bodo Moser
- Umweltaktivist
- Hang zu mystischen Kulten
- unheimlich → freundlich/hilfsbereit

Idas Familie Hafner im Allgäu

Oma Therese Abele
- Mittelpunkt des Paktes
- besonderes Verhältnis zur Hebamme und zu Krähen
- begegnet den Kindern zunehmend feindselig

Ur-Oma Roswitha Abele
- verstand Sprache der Krähen
- starb nach Thereses Geburt

Mutter
- misstrauisch
- wirkt distanziert

Bruder Alois
- hat eine Freundin
- technikaffin
- fährt ab und zu die Kinder

Ida
- wandelt sich: Kind → Jugendliche
- fühlt sich zu Hendrik hingezogen
- selbstsicher
- schwieriges Verhältnis zur Mutter

Weitere Dörfler_innen

Vater Seelos

Mutter Seelos

David Seelos

Alois' Freundin Lisa

Frau Fischer, die Hebamme
- Geheimnisträgerin
- stirbt zum Schluss

i.4 TABELLARISCHE KAPITELÜBERSICHT

Kapitel	Seite	Erzähltes Geschehen
1	5–13	**»Krähen«** Eddi erhält einen Brief von Ida, die in einem (namenlosen) Dorf im Allgäu lebt. In dem Brief berichtet Ida von ihrer Oma und deren erster Begegnung mit einer Krähe. Mit Ida verband Eddis Bruder Hendrik eine erste liebevolle Freundschaft.
2	14–24	**»Meerschweinchen«** Frau Seelos aus dem Dorf im Allgäu beschwert sich bei Hendriks Mutter über eine Krähe, die in Eddis Haus im Dorf im Allgäu leben und Ärger machen soll. Hendriks Vater beschließt, mit den Kindern und dem Nachbarsmädchen Monique ins Allgäu zu fahren und die Angelegenheit mit der Familie Seelos zu klären.
3	25–32	**»Schwarz oder weiß«** Im Allgäu angelangt, stellen die beiden Brüder Monique ihrer Freundin Ida aus dem Dorf vor. Hendrik sinniert über betretenes Verhalten, wenn man sich länger nicht gesehen hat. Eddi weiht Monique in alle Krähen-Geheimnisse des Dorfes ein, sehr zu Hendriks Missfallen.
4	33–41	**»Dachboden«** Eddi und Hendrik wagen sich mitten in der Nacht auf den Dachboden, von dem ein verdächtiges Geräusch kam. Dort wird Eddi tatsächlich von einer Krähe angegriffen. Unklar ist, wie die Krähe auf den Dachboden kam, da das Fenster verschlossen war.
5	42–52	**»Wasserfarbe«** Die Kinder lernen Idas Oma, ihren Allgäuer Dialekt und ihr Haus kennen. Sie betrachten die von der Oma gemalten Bilder und wundern sich darüber, dass auf jedem der Landschaftsbilder der Forggensee fehlt. Sie fahren zu viert auf zwei Rädern heimlich zu diesem Stausee. Auf der Staumauer ist der rätselhafte Schriftzug »ZIUSRACHE« zu erkennen und die Kinder spekulieren über seine Bedeutung.
6	53–62	**»Im See«** Die Kinder erkunden den Forggensee und das Ufer, und sie betrachten den Berg namens Säuling, an dessen Fuß der See liegt. Hendrik streitet häufig mit Ida, er ist eifersüchtig, weil sich Ida mit Monique versteht und sie mehr auf sie als auf ihn eingeht. Beim Tauchen im See entdeckt er einen Stein mit der geheimnisvollen Inschrift »OSAPA«, die weitere Rätsel aufgibt.
7	63–71	**»Anderswelt«** Weil sich Monique verplappert, findet die misstrauische Oma heraus, dass die Kinder doch am See waren – sie ist ihnen aber nicht böse. Die Kinder rätseln weiter über die mögliche Bedeutung der Inschrift »OSAPA«. Hendriks Vater möchte das Haus im Dorf verkaufen, Eddi möchte es aber behalten und später dort wohnen. Die Kinder erfahren, dass bei der Errichtung des Stausees die Bewohner der Dörfer nicht ertrunken sind, sondern ihre Häuser zuvor verlassen haben bzw. mussten.
8	72–75	**»Nichts Besonderes«** Zurück in Chemnitz erklärt die Mutter den Kindern, dass auch wegen des Braunkohletagebaus Ortschaften umgesiedelt würden. Die Leute erhielten aber neue Häuser oder würden entschädigt. Marleen, Moniques Mutter, berichtet von mystischen keltischen Brandopferplätzen, die es früher im Bereich des Forggensees gegeben haben soll. Hendrik recherchiert im Internet und findet die Aussagen Marleens bestätigt.
9	76–84	**»Der Käfig«** Hendriks Familie fährt über Weihnachten zum Skifahren wieder ins Dorf im Allgäu. Idas Oma macht einen erschrockenen Eindruck: Eine Krähenfrau sei an ihrem Haus vorbeigelaufen. Ida zeigt den Kindern einen alten Vogelkäfig, in dem ein blecherner Trinknapf liegt. In diesem liegt ein Vogelskelett und es ist der Name »Roswitha 1953« eingraviert. Frau Hafner, Idas Mutter, klärt die Kinder auf: Der Käfig gehörte zu Rosa, einer Krähe, die Idas Oma besaß. Es stellt sich zudem heraus, dass Idas Oma ihre Tochter sehr jung bekommen hat, im Alter von 18 Jahren.
10	85–88	**»Haut ab!«** Die Brüder besuchen zusammen mit Ida die Oma. War sie zuvor schon recht distanziert den Kindern gegenüber, wirkt sie in nun noch abweisender. Sie macht Hendriks Tauchen im See für das seltsame Verhalten der Krähen in jüngster Zeit verantwortlich. Die nun regelrecht feindselige Oma wirft Hendrik und Eddi sogar aus dem Haus. Rätselhaft bleibt, woher die Oma weiß, dass Hendrik tauchen war.

Kapitel	Seite	Erzähltes Geschehen
11	89–97	**»Lehm«** Als Eddi im lehmigen Grund des Sees stecken bleibt, kommt den Kindern Bodo zu Hilfe, ein Mann mittleren Alters. Er erzählt ihnen von früheren Zeiten, als es diesen Stausee noch nicht gab. Bodo behauptet, dass die umliegenden Hügel durch den Zorn des Gottes Ziu entstanden seien, der oben auf dem Berg Säuling wohne. Der Gott sei zornig, weil die heiligen Opferstätten im Tal zerstört wurden, und dieser Gott sinne daher auf Rache.
12	98–104	**»Geschenke«** Auf der Rückfahrt vom See meint Eddi, Marleens Auto entdeckt zu haben. Ein Weihnachtsbaum wird gefällt, und dabei sinniert Hendrik traurig darüber, wie schnell doch ein Baum gefällt ist, im Vergleich zum langjährigen Wachstum. Hendrik versucht, in der Stadt ein passendes Weihnachtsgeschenk für Ida zu finden, kann sich aber nicht entscheiden.
13	105–109	**»Sechs Prozent«** Beim Abendessen diskutiert die Familie die Folgen der Klimaveränderung und die Frage, ob sich die Natur rächen kann. Dabei spekulieren sie, ob ein Gott Rache üben und den Säuling so zum Einsturz bringen könnte, dass der ganze See verschüttet wird. Der Vater berechnet: Nur sechs Prozent Geröllmasse des Berges würden reichen, um den See zuzuschütten. Ida erzählt, dass mit dem Stausee sogenannte »Kraftorte« verloren gingen. Weil sich Bodo ähnlich äußert, bekommen die Spekulationen über die Zusammenhänge mit der Oma und den Krähen neue Nahrung. Hendrik beschließt, Ida ein Pferdebuch zu schenken.
14	110–114	**»Die Waldhütte«** Die Brüder fahren erneut zum See, in der Hoffnung, irgendwie weiterzukommen. Sie beobachten Bodo, der am Ufer eine Art kultischen Tanz aufführt. Die Brüder verfolgen ihn heimlich bis zu einer Waldhütte. Vor der Hütte wird Eddi erneut von einer Krähe angegriffen. Die Jungs finden heraus, dass sich Marleen in der Hütte aufhält.
15	115–121	**»Rugby«** Zurück im Haus versuchen Ida und Hendrik, sich einen Überblick über das Erscheinen der Krähen zu verschaffen und daraus mögliche Zusammenhänge herzustellen. Langsam überkommen Hendrik Zweifel, ob sie sich mit den Krähen und den möglichen Zusammenhängen nicht verrennen, und stellt einiges in Frage, woraufhin es zum Streit mit Ida kommt, die dann das Haus verlässt.
16	122–132	**»Klimaerwärmung«** Hendrik recherchiert im Internet u.a. über keltische Riten und verschafft sich einen Überblick über die unterschiedlichen religiös-kulturellen Vorstellungen des Jenseits. Ida meldet sich nicht bei ihm, und er hadert erneut mit sich und seinem Handeln ihr gegenüber. Das Auto der Familie wird sabotiert. Beim Besuch des Weihnachtsgottesdienstes im Dorf begegnen die Dorfleute ihnen kühl. Eddi wird erneut Opfer einer Krähenattacke und spürt aufgrund seiner Gabe, dass Monique in Gefahr ist.
17	133–148	**»Gewitter«** Nach einem verzweifelten Anruf Moniques wagen sich Hendrik und Eddi in der Nacht auf Fahrrädern zur Waldhütte. Moniques Mutter ist weg, und nachdem Monique Bodo am See mit recht seltsamen Gebaren beobachtet hat, ist sie ziemlich verängstigt. Hendrik entdeckt Kletter- und Malutensilien – vermutlich stammt das Graffiti »ZIUSRACHE« von Bodo. Die Kinder suchen Marleen am See. Sie sind nun so verunsichert, dass sie ein Gewitter als Zius vermeintliche Rache deuten. Marleen und Bodo waren jedoch lediglich spazieren. Bodo wirkt freundlich und bietet den Brüdern sogar an, sie mit dem Auto nach Hause zu fahren.
18	149–156	**»Das Bild«** Zuvor huschen Eddi und Hendrik unter einem Vorwand in weiteres Mal schnell in die Waldhütte. In der Hütte betrachten sie nochmals eingehend ein Gemälde mit einem Mädchen, dem See und der Krähe. Sie entdecken die Inschrift »ROSAPASCITCORVOS« und drei Fotos, die weitere vage Aufschlüsse über Idas Oma geben. Hendrik recherchiert im Internet und findet den Spruch »Deus Pascit Corvos« – Gott füttert die Raben.
19	157–161	**»David«** In einer für alle peinlichen Situation soll der Nachbarsjunge David sich dafür entschuldigen, dass er das Auto der Familie sabotiert hatte. David war wohl zuvor schon einmal im Haus, aber ob er damals auch die Krähe hineingelassen hatte, bleibt ungewiss.
20	162–170	**»1953 oder 1954?«** Es kommt doch noch zu einem Geschenkeaustausch zwischen Hendrik und Ida, und sogar zu einem ersten Kuss. Beide widmen sich weiter dem Krähen-Oma-Rätsel: Roswitha Abele hatte 1953 geheiratet und war im selben Jahr gestorben, Idas Oma war 1954 geboren. Als sie etwas nachprüfen wollen, entdecken sie im Sockel des Vogelbauers einen Hohlraum.

Kapitel	Seite	Erzähltes Geschehen
21	171–184	**»Der Pakt«** In diesem Hohlraum war ein Brief versteckt, der Aufschluss über Idas Omas Herkunft gibt. Oma Therese wurde von der Hebamme zu einer anderen Frau in Pflege gegeben, die im selben Jahr einen Sohn Hubert geboren hatte. Laut Brief solle jeder, der dieses Familiengeheimnis verrät, sterben. Da Idas Oma plötzlich verschwunden ist, suchen und finden die Kinder sie am See, zusammen mit der Hebamme. Die Hebamme klärt die Oma über einen angeblichen Pakt und das Geheimnis ihrer Herkunft auf. Als ein Krähenschwarm bedrohlich nah kommt, stürzt die Oma vor Schreck an der Uferkante einen Abhang hinunter, ebenso Ida bei einem Rettungsversuch.
22	185–193	**»Beben«** Mit vereinten Kräften (Bodo, Feuerwehr, Alois, Sanitäter) werden Ida und ihre Oma vom Abhang geborgen und versorgt. Doch eine Vorahnung Eddis bestätigt sich: Ein Erdbeben bricht los und bewirkt, dass sich die Seeuferkante zwei Mal löst und nach unten zum See abrutscht. Die Anwesenden diskutieren, wie ein solches Beben in einer eigentlich ungefährdeten Region möglich sei. Zurück in Omas Küche scheint noch etwas Unausgesprochenes im Raum zu stehen. Ida bemerkt, dass Frau Fischer, die Hebamme, nicht anwesend ist. Als auch die Oma ihre Abwesenheit bemerkt, wird sie ohnmächtig.
23	194–205	**»Was Monique sagt«** Die Oma erholt sich schnell wieder, aber Frau Fischer bleibt verschwunden – was niemanden so richtig zu kümmern scheint. Nur Eddi meint, sie sei schon tot, weil sie den Pakt erfüllt habe. Auf Hendriks Nachfrage erklärt Eddi Moniques Version der vermeintlichen Lösung des Rätsels um den Krähenpakt: Gott Ziu hat Rache geschworen, weil der Stausee gebaut wurde. Die Bewohner der Gegend sollten unter einem Erdsturz begraben werden. Die Selbstgespräche Zius wurden von Krähen belauscht und weitergetragen, sodass Roswitha Abele, die die Sprache der Krähen verstand, von den Plänen erfuhr und sehr erschrak. Sie wollte deshalb ein milderes göttliches Vorgehen bei Zius verhandeln. Das wiederum hätte bedeutet, dass Zius herausbekommen hätte, dass die Krähen seine Pläne weitererzählt hatten, weswegen die Krähen es mit der Angst zu tun bekamen. Als Kompromiss wurde nun ausgehandelt, dass nur wenige Menschen dem Gott geopfert werden sollten. So kam es, dass Roswithas Mann vom Laster stürzte und sie selbst nach der Geburt ihres Kindes Therese im Sterben lag. Eigentlich hätte auch das Kind sterben sollen, doch das hatte eine beaufsichtigende Krähe nicht übers Herz gebracht. Deshalb wurde das Kind von der Hebamme einer anderen Familie zur Pflege gegeben und als deren Kind ausgegeben. Das war der geheime Pakt zwischen den Menschen und der Krähe. Doch die Hebamme hinterließ im Laufe der Jahre Hinweise auf diesen Pakt, und so erfuhr Idas Oma doch von ihrer wahren Herkunft. Weil nun noch ein Menschenopfer fehlte, starb an Omas Stelle die Hebamme, Frau Fischer.
24	206–218	**»Meine M total s«** Nachdem die Oma ihre Tochter, Idas Mutter, über ihre wahre Identität informiert hat, fällt es Idas Mutter sehr schwer, diese Neuigkeit zu akzeptieren. Da aber nach und nach noch mehr Aufzeichnungen und Hinweise in Frau Fischers Haus gefunden werden, muss sie sich mit der Wahrheit abfinden. Schließlich beobachten die beiden Brüder noch Monique mit ihrer Mutter heimlich in einer Kapelle, wo sie Hochzeitsvorbereitungen treffen: Bodo und Marleen heiraten.
		»Kleines Allgäuer Wörterbuch« Mit dessen Hilfe lassen sich die Sätze, die im Dialekt gesprochen werden, übersetzen.

i.5 Weiterführende Literaturhinweise

- Erin Hunter: **Warrior Cats (alle Staffeln).** Weinheim und Basel: Beltz & Gelberg, ab 2009. *Das Hauskätzchen Sammy träumt ständig davon, im Wald jagen zu gehen. Eines Tages werden seine Träume zur Realität, und er trifft auf die Katzen des DonnerClans, die im Wald leben und für sich selbst sorgen. Als sie ihn fragen, ob er mit ihnen kommen und ein freies Clan-Leben führen möchte, entschließt er sich dazu, als Schüler »Feuerpfote« fortan auch im Wald zu leben.*

- Otfried Preußler: **Krabat.** München: dtv, 2008. *Der 14-jährige Waisenjunge Krabat tritt eine Lehrstelle in einer Mühle an. Die Mühle erweist sich jedoch schon nach kurzer Zeit als eine »Schwarze Schule«, in der der Müllermeister jeweils zwölf Mühlknappen in der Schwarzen Kunst unterrichtet. Bald stellt sich heraus, dass jedes Jahr einer der Müllerburschen auf mysteriöse Art und Weise sterben muss. Krabat versucht, diesem Pakt auf die Spur zu kommen und den Bann zu brechen.*

Lesezeichen und Zeilometer

Dieses Lesezeichen hilft dir, einzelne Textstellen zu finden oder dich mit deinen Mitschülerinnen und Mitschülern über bestimmte Textstellen zu unterhalten: Lege dazu einfach das Zeilometer an den oberen Buchrand. Die Zahlen sind dann die jeweiligen Zeilen. Natürlich kannst du dein Zeilometer auch individuell gestalten.

»Da bahnte sich was an«

Die Kinder bekommen eine Nachricht über eine unheilvolle Krähe, die in einem Dorf ihr Unwesen treiben soll …

1. Hier siehst du einen Ausschnitt des Titelbildes. Vor was könnten sich die Kinder fürchten? – Male und ergänze die Denkblasen!

2. Eddi bekommt einen Brief von Ida. Was erfährst du in dem Brief über Idas Oma?

____

____

____

3. Hendriks Freunde benutzen diese Wörter (S. 7). Was bedeuten sie? Notiere die Übersetzungen. Wähle einen eigenen Begriff und trage ihn mit Übersetzung ein.

a) »Ey!« ____________________ b) »Digga« ____________________

c) »Fail!« ____________________ d) »................« ____________________

4. Eddis Blick verändert sich beim Vorlesen des Briefes (S. 13). Kreuze an.

Der Blick wird … ◯ angsteinflößend ◯ glasig ◯ traurig ◯ stumpf

5. Was bedeutet es, wenn Eddis Blick so wird? – Schreibe die passende Antwort von S. 15 ab.

____

____

____

____

____

»Was ist mit den Krähen?«

Was hat es mit diesen Tieren auf sich? Wie sehen sie aus? Wie verhalten sie sich?

1. Hendrik recherchiert im Internet über Krähen. Was erfährst du über diese Vogelart auf S. 19, S. 31 und S. 57? Ergänze mit diesen Fakten aus dem Roman den Steckbrief.

2. Die mit * gekennzeichneten Angaben kannst du selbst recherchieren (Lexikon, Internet).

Die Krähe – Steckbrief

Name: ____________________

Lateinischer Name: ____________________

Größe*: ____________________

Gewicht*: ____________________

Alter*: ____________________

Aussehen: ____________________

Ernährungstyp*: ____________________

Nahrung*: ____________________

Verbreitung*: ____________________

Lebensraum*: ____________________

Paarungszeit*: ____________________

Gelegegröße*: ____________________

Brutzeit*: ____________________

Natürliche Feinde*: ____________________

Sozialverhalten*: ____________________

3. Auf Seite 125 erfährst du etwas über Krähen, was nicht im Biologie-Lexion steht. Fasse die Informationen mit eigenen Worten zusammen.

____

____

»Mein Herz schlug, die Treppe knarrte«

Jetzt wird es spannend. Dieses Arbeitsblatt ist nichts für schwache Nerven …

1. Hier ist ein Ausschnitt von Seite 35. Unterstreiche die Stellen, die die Handlung spannend machen.

»Das Geräusch kommt von da.« Eddi ließ meine Hand los und machte zwei Schritte die Treppe hoch.

Ich zögerte. Doch weil Eddi schon fast oben war, folgte ich ihm. Mein Herz schlug, die Treppe knarrte. Wieder hörte ich das Geräusch. Zu dem Geraschel kam jetzt auch noch eine Art Scharren. Eddi wartete auf mich vor der Bodentür. Er legte das Ohr daran und lauschte.

»Da ist etwas«, stellte er fest.

Auch ich legte mein Ohr an die Tür. Ja, da war was. Doch was? Der Wind? Ein schlagendes Fenster? Ein Tier? Oder …

»Ich geh da jetzt rein«, verkündete Eddi. Ich fragte mich, ob das, was ihn antrieb, Mut, Wahnsinn, Wissensdurst oder Magie war.

Die Tür war jetzt einen Spaltbreit offen und Eddi schob sich hindurch. Mein Herz klopfte so laut, dass es bestimmt im ganzen Haus zu hören war. Sogar Monique musste davon aufwachen. Wieder hörten wir das Geräusch, diesmal ungefiltert, ohne Tür und ohne Zimmerdecke dazwischen. Es klang nicht viel anders, nur lauter.

Der Raum war nicht ganz dunkel, denn fast alle Zimmer des Hauses wurden nachts von den umstehenden Straßenlaternen erhellt. Eddi tastete nach dem Lichtschalter und eine matte, altmodische Glühbirne leuchtete auf. Ich blinzelte. Das Licht, obwohl es nicht sehr hell war, blendete.

2. Unterstreiche folgende Stilmittel in den angegebenen Farben. Du kannst solche Stilmittel auch in eigenen Texten anwenden: ◯ Frage: rot ◯ wörtliche Rede: gelb

3. Auf Seite 39 steht zweimal, dass Hendrik schlau antwortet. Was meint er damit?

____

____

____

____

4. Wie geht es dir, wenn du Angst hast? Geht es dir ähnlich wie Hendrik und Eddi, oder bleibst du ganz cool? Beschreibe in deinem Lesetagebuch bzw. Leseordner.

5. Im Kapitel »Rugby« steht eine ähnliche, spannende Stelle. Was tun Hendrik und Ida gegen die Angst? Wenn du magst, kannst du schon vorblättern (S. 118/119):

______________________ ______________________

»Du bist komisch!«

Hendrik mag Ida, er verhält sich ihr gegenüber aber auch oft verunsichert …

1. Im Kapitel »Im See« gerät Hendrik in Streit mit Ida. Schreibe Sätze aus dem Kapitel (S. 58, S. 59) in deinen Leseordner, in denen der Streit deutlich wird.

2. Nun schreibe zwei Sätze aus dem Kapitel (S. 62) in deinen Leseordner, mit denen deutlich wird, dass Ida Hendrik aber auch mag.

3. Hendrik geht aus zwei Gründen ins Wasser. Notiere sie.

____

____

4. Seit Hendrik Ida das letzte Mal gesehen hat, hat sich Ida für ihn ganz schön verändert. Mit welchen von Idas Veränderungen kommt Hendrik im Moment nicht klar? Notiere. (S. 58/59)

____

____

5. Die Kinder wollen weiterhin das Rätsel um die Krähe am See lösen (S. 76–85). Kreuze an.

Als Detektive finden sie dies heraus	ja	nein
1. Die Kinder entdecken einen alten Vogelkäfig.	○	○
2. In dem Vogelkäfig leben nun Hühner.	○	○
3. In dem Vogelkäfig liegt ein Vogelskelett.	○	○
4. Idas Mutter will gar nichts zu dem Käfig sagen.	○	○
5. Idas Mutter erzählt, dass Idas Oma früher eine Krähe gehabt hat.	○	○
6. Ida hat schon lange gewusst, dass ihre Oma eine Krähe hatte.	○	○
7. Die Krähe ist nur kurz bei der Oma geblieben und dann weitergeflogen.	○	○
8. In dem Käfig ist auch ein Blechnapf mit der Gravur »Roswitha 1953«.	○	○
9. Die Kinder sollen mit der Oma über den Käfig und die Krähe reden.	○	○
10. Idas Mutter hatte als Kind Angst vor der Krähe im Käfig.	○	○
11. Idas Mutter macht sich Sorgen um Idas Oma.	○	○
12. Die Oma hat Angst, weil sie einen alten Mann vor ihrem Haus sah.	○	○

»Ich weiß nicht, warum sie es weiß«

Die Kraft der Wörter …

In diesem Buch entsteht oft eine unheimliche Stimmung. Wie schafft die Autorin das? – Lies auf der jeweiligen Seite nach und ergänze die Lücken in den Sätzen. Mit dem Zeilometer kannst du die jeweilige Zeile benennen.

Seite		Zeile
67	»Wie aus dem Nichts war vor uns ______________ Idas Oma aufgetaucht und schaute uns ______________ an.«	
77	»Aus ______________ war der Kratzer nicht gut verheilt.«	
77 unten	»Eine ______________ Frühabendsonne […] erleuchtete das Treppenhaus.«	
81	Hendrik: »Das fand ich ______________.«	
81	Hendrik: »Idas Mutter war mir immer ______________.«	
83	»… denn Frau Hafner hatte schon wieder diesen ______________ Blick, der einen ______________ ließ.«	
85	Ida »… hatte nämlich gerade denselben ______________ Blick wie ihre Mutter oder wie ihre Oma.«	
93	Hendrik: »Als ich mich wieder dem Mann zuwenden wollte, ______________.«	
93	Hendrik: »Ich sah ihm nach und ______________, wie er ______________ gekommen sein konnte.«	
93	»Die Stimme des Mannes verhallte ______________. Auch der Himmel ______________. […] Über den See flog von Süden her ______________ eine Krähe.«	
95	Hendrik: »Kannst du nicht ______________ aufnehmen zu diesen Tieren?«	

»Alles sah nach einer grässlichen göttlichen Rache aus!«

Was hat ein Gedicht von Eugen Roth mit dem Weihnachtsfest zu tun?

1. Suche im Internet das Zitat von Eugen Roth, das so beginnt: »Zu fällen einen schönen Baum …«.

2. Die beiden Brüder gehen mit ihrem Vater in den Wald, um einen Baum für das Weihnachtsfest abzusägen. – Schreibe drei Sätze ab (S. 101), die zu diesem Gedicht von Eugen Roth passen.

3. In diesem Buch werden noch weitere Beispiele dafür aufgezählt, wie der Mensch die Natur zerstört. Finde mindestens noch zwei solche Beispiele für Umweltzerstörung:

   ______________________________ auf Seite ________

   ______________________________ auf Seite ________

   ______________________________ auf Seite ________

4. Was meinst du? Kann bzw. wird sich die Natur für die Eingriffe in sie rächen? – Lest auf Seite 105 die Diskussion der Familie und diskutiert in der Gruppe. Schreibe deine Meinung im Lesetagebuch/Leseordner auf.

5. Hendrik sucht ein Geschenk für Ida und kann sich nicht entscheiden. Mit welcher Begründung lehnt Hendrik die möglichen Geschenke für Ida jeweils ab?

   Ordne zu und ergänze die letzte Zeile selbst.

eine Puppe ●	● Zu teuer für Hendrik.
ein Traktorenkalender ●	● Hendrik weiß nicht, welches Muster sie mag.
ein Tagebuch ●	● Alois hätte ihm das übel genommen.
ein Füller ●	● Hendrik weiß nicht, welcher Duft Ida gefällt.
ein Parfüm ●	● Missverständlicher Hinweis auf Idas Sauklaue.
eine Yuccapalme ●	● Ida könnte die Stacheln falsch interpretieren.
eine Kaktee ●	● Hendrik findet sie zu mickrig / kennt Pflanze nicht.
eine Hyazinthe ●	● Ida ist kein Kind mehr.
ein Übertopf mit Herzen ●	●

»Es war immerhin möglich, dass alles nur Zufall war«

Hendrik fragt sich immer wieder, wie er die Ereignisse mit den Krähen einordnen soll: Zufall oder Mystik?

1. Viele Ereignisse in diesem Buch wirken unheimlich. Man weiß nicht, ob es einen realen Grund als Ursache gibt oder ob es Zufall ist, oder ob dagegen mystische Kräfte im Spiel sind.

Wie schätzt du die Vorkommnisse ein? Kreuze an!

Seite	Ereignis	Ursache: real/Zufall	Ursache: mystisch
14	Eine Krähe tötet das Meerschweinchen der Familie Seelos.	○	○
40	Alle Fenster waren zu, trotzdem ist eine Krähe auf dem Dachboden.	○	○
44	Auf allen Landschaftsbildern der Oma fehlt der See.	○	○
63	Beim Wort »Hexe« erscheint plötzlich ein Krähenschwarm.	○	○
74	Der Flussname »Lech« bedeutet Grabstein oder Steinplatte.	○	○
80	Eine Krähenfrau verunsichert Idas Oma.	○	○
87	Eine Krähe zerhackt den Fahrradsattel.	○	○
87	Die Oma weiß, dass Hendrik im See baden war.	○	○
91	Eddi versinkt im Lehm und eine Krähe taucht auf.	○	○
93	Der Mann am See verschwindet sehr schnell.	○	○
95	Eddi findet keinen Kontakt zu den Krähen.	○	○
100	Marleens Auto und sie selbst sind in der Nähe des Sees.	○	○
117	Eddi geht nach oben und kommt nicht wieder zurück.	○	○
118	Hendrik findet neben Eddis Hose eine schwarze Feder.	○	○
112	Eddi wird wiederholt von einer Krähe attackiert.	○	○
128	Das Auto von Hendriks Familie springt nicht an.	○	○
132	Nach Krähenkontakt hat Eddi stets einen glasigen Blick.	○	○
132	Eddi spürt, dass Monique in Gefahr ist.	○	○
145	Monique meint, ein Gewitter sei die Rache des Gottes Ziu.	○	○
184	Hendrik hört beim Krächzen Wörter wie »Rache« heraus.	○	○

2. Hast du dich auch schon einmal über ein ähnliches seltsames Ereignis gewundert, für das du keinen Grund gefunden hast? Schreibe es im Lesetagebuch bzw. Leseordner auf.

»Ich war noch unglücklicher als am Abend zuvor«

Tja, wie sollst du dich nur verhalten, wenn du verliebt bist …?

1. Hendrik ist häufig unsicher, wie er sich Ida gegenüber verhalten soll. Schreibe drei Sätze auf, woran das erkennbar wird (z. B. S. 121).

2. Hendrik wirkt manchmal auch sehr unentschlossen.

a) S. 121: Hätte er Ida anrufen sollen? Kreuze an. ◯ ja ◯ nein

b) Beschreibe eine weitere Stelle im Buch, in der Hendriks Unentschlossenheit vorkommt:

____

____

3. Hendriks Unsicherheit kommt auch von der Veränderung Idas, mit der er nicht immer klarkommt. Welche Veränderungen sind das? – Kreise ein.

ihr schickes Kleid	ihre Allerweltstussifrisur	ihre Schuhgröße	ihr Pullover
ihre schicke Strumpfhose	ihr Dialekt	ihre Zahnspange	ihr Parfüm

4. Ab Seite 162 merkt man aber, dass Ida für Hendrik doch sehr viel empfindet. Woran kannst du das sehen? Beschreibe dies in zwei Sätzen.

____

____

5. Lies die Beschreibung des Ölgemäldes auf Seite 138. Versuche, das Gemälde nachzumalen.

»Man braucht keine Fantasie mehr« (1)

Hmm, das Internet hat die Welt ganz schön verändert: Vieles ist leichter geworden – oder?

1. Hendrik hängt gerne seinen Gedanken nach, gerne auch einmal sinnlosen Gedankenketten, um einer Frage nachzugehen.

a) Aber worüber beschwert er sich auf Seite 155? Beschreibe mit eigenen Worten.

____

____

____

b) Was braucht man also nicht mehr zu lernen dank Internet?

1.	2.	3.

c) Wie ist deine Meinung dazu: Hat er mit seiner Position Recht? Begründe deine Meinung.

____

____

____

2. Hendrik kommt mit den anderen Kindern dem Geheimnis um die Krähe immer mehr auf die Spur. Er übersetzt die Inschrift »ROSAPASCITCORVOS«.

a) Dabei stellt er fest: ____________________________

b) Was bedeutet diese Inschrift? ____________________________

c) Was bedeutet DEUS PASCIT CORVOS? ____________________________

d) Was bedeutet das sinngemäß? (S. 156) ____________________________

e) Bringen Hendriks Überlegungen ihn bei seinen Nachforschungen weiter? ☐ ja ☐ nein

»Man braucht keine Fantasie mehr« (2)

3. Da die Oma verschwunden ist, machen sich die Kinder auf die Suche nach ihr. Sie finden sie zusammen mit der Hebamme, Frau Fischer, am See und können ihr Gespräch belauschen (S. 171–185). Kreuze an.

		ja	nein
1.	Frau Fischer ist die Hebamme von Idas Oma.	◯	◯
2.	Die Hebamme hat den Brief verfasst und im Vogelkäfig versteckt.	◯	◯
3.	Alle haben von dem Geheimnis gewusst, nur nicht Idas Oma.	◯	◯
4.	Die Hebamme droht der Oma, dass die Krähen sie holen werden.	◯	◯
5.	Als die Krähen im Schwarm kommen, strauchelt Idas Oma.	◯	◯
6.	Die Oma stürzt in den See und taucht unter.	◯	◯
7.	Die Oma kann sich gerade noch an einem Baumstumpf festhalten.	◯	◯
8.	Ständig kreisen Krähen über dem Geschehen und bedrohen die Oma.	◯	◯
9.	Auch Ida hält ihre Oma fest, kann aber nicht mehr lange durchhalten.	◯	◯
10.	Hendrik kann die Oma zum Glück retten, indem er sie hochzieht.	◯	◯
11.	Die Krähen lassen erst ab, als Alois, Idas Bruder, einen Schuss abgibt.	◯	◯
12.	Die freiwillige Feuerwehr rettet Oma und Ida, auch Bodo hilft.	◯	◯
13.	Schließlich kümmern sich Sanitäter um Ida und ihre Oma.	◯	◯

»Oder war es gar kein Unfug?«

Die Kinder haben als Detektive bislang viel heraus gefunden – was hat es nun mit dem Pakt auf sich?

1. Laut Eddi hat die verschwundene Frau Fischer den Pakt für Idas Oma eingelöst. Was ist das nun für ein Pakt? Verbinde.

1.	Gott Ziu ist seit 60 Jahren erzürnt …	… Rache geschworen.
2.	Deshalb hat dieser Gott Ziu …	… Bewohner der Gegend sterben.
3.	Diese Rache sah vor, dass …	… über den Bau des Stausees.
4.	Die Krähen haben von diesem Plan …	… des Gottes Ziu erfahren.
5.	Roswitha Abele verstand …	… die Sprache der Krähen.
6.	Dadurch hat sie von den Racheplänen …	… wollte sie bei Ziu ein milderes Urteil erreichen.
7.	Weil sie sehr erschrocken war …	… Wind bekommen und sie weitererzählt.
8.	Das hätte bedeutet, dass Ziu …	… vermeiden.
9.	Das wollten die Krähen unbedingt …	… der Geburt ihres Kindes Therese.
10.	Also wurde in einem Pakt abgemacht, …	… erfahren hätte, dass seine Rachepläne bekannt sind.
11.	Roswithas Mann, der Bauunternehmer, …	… dass nur wenige Menschen sterben müssen.
12.	Roswitha selbst starb kurz nach …	… stürzte vom Laster.
13.	Eigentlich hätte auch das Baby Therese …	… heimlich zu einer anderen Familie in Pflege gebracht.
14.	Aber eine Krähe hat dies nicht …	… übers Herz gebracht.
15.	Also hat die Hebamme das Baby …	… sterben sollen.
16.	Das musste aber streng …	… sollte sterben.
17.	Wer das Geheimnis erfuhr, …	… geheim bleiben.
18.	Mit dem Erdbeben wurde die …	… hat sich für Idas Oma geopfert.
19.	Die Hebamme, Frau Fischer, …	… Natur gerächt.

2. Ist dieser Pakt des Rätsels Lösung um die Krähe am unheimlichen See? Tauscht euch dazu aus und begründet euren Standpunkt.

k.12
zu Seite 122–123

»Die Klimaerwärmung kann einem nicht egal sein«

Recherche-Auftrag »Klimaerwärmung«

Die Familie wundert sich im Allgäu, dass es so warm ist. Liegt das an der Klimaerwärmung?

Recherchiere über dieses Thema und halte eine kurze Präsentation über deine Ergebnisse.

---

k.13
zu Seite 124–125

»Die Krähe stehe für die Welt der Schatten«

Recherche-Auftrag »Jenseitsvorstellung«

Im Zusammenhang mit den historischen Brandopferplätzen am See recherchiert Hendrik über die Jenseitsvorstellungen anderer Völker.

Recherchiere über dieses Thema und halte eine kurze Präsentation über deine Ergebnisse.

---

k.14
zu Seite 75

»Jedenfalls laut Internet«

Recherche-Auftrag »Skepsis gegenüber den Ergebnissen einer Internet-Recherche«

Hendrik recherchiert öfters im Internet. Er ist jedoch vorsichtig mit den Suchergebnissen, die er dort findet. Warum?

Recherchiere über dieses Thema und halte eine kurze Präsentation über deine Ergebnisse.

---

k.15
zu Seite 73

»Das sei alles ganz harmlos«

Recherche-Auftrag »Braunkohleabbau«

Hendriks Mutter erzählt den Kindern von einer anderen Art des Raubbaus an der Natur im Vergleich zur Bildung eines Stausees: Braunkohleabbau.

Recherchiere über dieses Thema und halte eine kurze Präsentation über deine Ergebnisse.

Lösungen und Lösungsvorschläge

K.2

2. Idas Oma wird von Krähen verfolgt, redet mit ihnen, wird immer wunderlicher.
4. glasig
5. »Das verhieß nichts Gutes. Es bedeutete, dass etwas Unheimliches im Gange war, etwas, das nur Eddi spüren konnte.«

K.3

1./2. Name: Krähe – Lateinischer Name: Corvidae – Größe: 40 bis 50 cm – Gewicht: 600 bis 1500 g – Alter: 10 bis 25 Jahre – Aussehen: schwarzes Gefieder – Ernährungstyp: Allesfresser (omnivor) – Nahrung: Aas, Insekten, Würmer, Obst, Singvögel – Verbreitung: weltweit – Lebensraum: Grünanlagen, Parks, Mischwälder – Paarungszeit: Februar bis April – Gelegegröße: 3 bis 5 Eier – Brutzeit: 21 Tage – Natürliche Feinde: Greifvögel, Marder, Fuchs – Sozialverhalten: ausgeprägt

K.4

3. Hendrik fällt jedes Mal eine Ausrede ein, die für beide Seiten befriedigend/beruhigend ist. Er überzeugt sein Gegenüber mit einem Argument, das ihm selbst und dem Gegenüber zupasskommt.

K.5

4. Frisur, Parfüm
5. 1. ja; 2. nein; 3. ja; 4. ja; 5. ja; 6. nein; 7. nein; 8. ja; 9. nein; 10. ja; 11. ja; 12. nein

K.6

S. 67: plötzlich; durchdringend – S. 77: irgendeinem Grund – S. 77 unten: merkwürdige – S. 81: merkwürdig – S. 81: unheimlich – S. 83: abweisenden; verstummen – S. 85: hatte nämlich gerade denselben – S. 93: war er weg – S. 93: in so kurzer Zeit so weit – S. 93: düster; verfinsterte sich; laut schreiend – S. 95: Kontakt

K.7

2. »Es geht sehr schnell, einen Baum abzusägen ..., um ihn in 30 Sekunden abzusägen.«
3. a) Klimaerwärmung, u.a. S. 105, S. 122;
   b) Braunkohleabbau in der Lausitz, S. 73;
   c) Stausee zerstört Flusslandschaft, S. 92
4. eine Puppe / Ida ist kein Kind mehr. – ein Traktorenkalender / Alois hätte ihm das übel genommen. – ein Tagebuch / Hendrik weiß nicht, welches Muster sie mag. – ein Füller / missverständlicher Hinweis auf Idas Sauklaue – eine Yuccapalme / Hendrik weiß nicht, welcher Duft Ida gefällt. – eine Kaktee / Ida könnte die Stacheln falsch interpretieren. – eine Hyazinthe / Hendrik findet sie zu mickrig/kennt Pflanze nicht. – ein Übertopf mit Herzen / Das könnte ein zu deutlicher Hinweis auf Hendriks Gefühle zu Ida sein. – »Kein Geschenk war auf jeden Fall besser als ein irgendwie missverständliches Geschenk, da war ich mir ganz sicher.«

K.9

1. z.B.: Warum hatte ich an den Zusammenhängen gezweifelt? Immer wieder überlegte ich, ob ich anrufen sollte. Aber was sollte ich sagen?
2. b) S. 208: »Ich überlegte, ob ich sie küssen sollte, aber ich überlegte ein wenig zu lange, ...«
3. Allerweltstussifrisur; ihr schickes Kleid, ihr Parfüm, ihre schicke Strumpfhose
4. Sie schenkt ihm einen sogar handgestrickten Schal seines Lieblingsfußballvereins (und trifft seinen Geschmack sehr gut).

K.10

1. a) Er bemängelt, dass das mit dem Internet nicht mehr nötig sei, weil es nun für alles Erklärungen gebe; b) 1. Fakten, 2. Jahreszahlen, 3. Vokabeln einer Fremdsprache
2. a) Einen Text übersetzen heißt noch lange nicht, dass man ihn auch versteht; b) Rosa füttert die Raben; c) Gott füttert die Raben; Gott liebt alle Kreaturen, auch die, die nicht viel für ihren Lebensunterhalt tun.
3. 1. ja; 2. ja; 3. nein; 4. ja; 5. ja; 6. nein; 7. ja; 8. ja; 9. ja; 10. nein; 11. ja; 12. ja; 13. ja

K.11

1. 1. Gott Ziu ist seit 60 Jahren erzürnt über den See. – 2. Daraufhin hat dieser Gott Ziu Rache geschworen. – 3. Diese Rache sah vor, dass Bewohner der Gegend sterben. – 4. Die Krähen haben von diesem Plan Wind bekommen und getratscht. – 5. Roswitha Abele versteht die Sprache der Krähen. – 6. Dadurch hat sie die Rachepläne des Gottes Ziu erfahren. – 7. Weil sie sehr erschrocken war, wollte sie bei Ziu ein milderes Urteil erreichen. – 8. Das hätte bedeutet, dass Ziu erfahren hätte, dass seine Rachepläne bekannt sind. – 9. Das wollten die Krähen unbedingt vermeiden. – 10. Also wurde in einem Pakt abgemacht, dass nur wenige Menschen sterben müssen. – 11. Roswithas Mann, der Bauunternehmer, stürzte vom Laster. – 12. Roswitha selbst starb kurz nach der Geburt ihres Kindes Therese. – 13. Eigentlich hätte auch das Baby Therese sterben sollen. – 14. Aber ein Krähe hat dies nicht übers Herz gebracht. – 15. Also hat die Hebamme das Baby heimlich zu einer anderen Familie in Pflege gebracht. – 16. Das musste aber streng geheim bleiben. – 17. Wer das Geheimnis erfuhr, sollte sterben. – 18. Mit dem Erdbeben wurde die Natur gerächt. – 19. Die Hebamme, Frau Fischer, hat sich für Idas Oma geopfert.